MJ CULLINANE

WÄCHTER DER NACHT TAROT

GUIDEBOOK

KÖNIGSFURT URANIA

Bibliographische Information der Deutschen Nationalbibliothek

Die Deutsche Nationalbibliothek verzeichnet diese Publikation in der Deutschen Nationalbibliographie; detaillierte bibliographische Daten sind im Internet über http://dnb.d-nb.de abrufbar.

Königsfurt-Urania Verlag GmbH
Ringstr. 32, D-24103 Kiel
www.koenigsfurt-urania.com • www.tarot-online.com

Übersetzung: Tom Amarque
Lektorat: Dr. Jennifer Lorenzen-Peth
Satz und Layout: Stefan Hose, Götheby-Holm
Druck Booklet: Finidr s.r.o., Tschechische Republik
Karten- und Schachtelproduktion:
Spielkartenfabrik Altenburg GmbH

ISBN 978-3-86826-576-7 (Set)

MIX
Papier | Fördert gute Waldnutzung
FSC® C014138

INHALT

„Auch das glücklichste Leben ist nicht ohne ein gewisses Maß an Dunkelheit denkbar, und das Wort Glück würde seine Bedeutung verlieren, hätte es nicht seinen Widerpart in der Traurigkeit. Es ist viel besser, die Dinge so zu nehmen, wie sie kommen, mit Geduld und Gleichmut."

– C. G. Jung

EINLEITUNG

Obwohl der Keim der Idee, aus der schließlich das *Wächter der Nacht Tarot* wurde, schon fast ein Jahr vor der Erstellung der ersten Karte *(Der Eremit)* in mein Gehirn gepflanzt wurde, traten die Gefühle und Emotionen, die mit diesem Deck verbunden sind, erst im Spätwinter 2020 richtig zum Vorschein.

Als die ersten Informationen über das Coronavirus durchsickerten und die Verwirrung und das Unbehagen mehr Fragen als Antworten hinterließen, wandte ich mich auf der Suche nach Orientierung nach innen. Es waren diese dunklen Tage im März 2020, als die Inspiration für das Deck als Ganzes als eine vollständige Verbindung von Kunst und Tieren in mir aufkeimte. Ich wusste mit Gewissheit (das Einzige, was ich in dieser Zeit mit Gewissheit wusste), dass dieses Deck erschaffen werden musste.

Während ich die Kunstwerke für das *Wächter der Nacht Tarot* kreierte, fand ich darin Trost, Inspiration und manchmal auch emotionale Loslösung. Bei allem, was in der Welt vor sich ging, wurde dieses Deck zu einem Werkzeug der

Heilung. Deshalb wollte ich, dass jedes Bild eine emotionale Reaktion hervorruft und eine tiefe Verbindung mit der Person, die die Karten legt, herstellt. Ich weiß, dass in diesen Karten eine Kraft steckt, und ein Licht, das hell leuchtet.

Das *Wächter der Nacht Tarot* ruft Tiere, die in der Dunkelheit leben, dazu auf, deine Begleiter zu sein. Das heißt Tiere, die den Nachthimmel zu ihrem Vorteil nutzen, um deine vertrauten Begleiter*innen zu sein, während du deinen Weg durch selbst die dunkelsten Zeiten findest.

MJ, Dezember 2021

WIE DU DICH AUF EIN READING VORBEREITEST

Ich weiß nicht, wie es dir geht, aber wenn ich ein neues Deck erhalte, bin ich so aufgeregt, dass ich sofort loslegen und es verwenden möchte. Wie ein Kind am Weihnachtsmorgen reiße ich die Schachtel auf und gehe freudig eine Karte nach der anderen durch, auf der Suche nach kleinen versteckten Details. Ich betrachte jedes Bild aus der Nähe und dann aus der Ferne, um ein Gefühl für seine einzigartige Energie zu bekommen. Jede Karte birgt ihre eigene Kraft und erzählt eine Geschichte, und bei dieser ersten Begegnung verbinde ich mich mit all den Persönlichkeiten und ihren Eigenheiten, die in dem Deck stecken. Einige der Karten vermitteln ein warmes, beruhigendes Gefühl, wie das eines guten Freundes, andere wiederum wirken heftig und erzeugen Spannungen.

Ich wende verschiedene Methoden an, um negative Energie zu beseitigen, die sich im Laufe der Zeit in meinen Decks angesammelt hat, und dazu gehört auch, dass ich mich selbst von allen negativen Schwingungen befreie. Wenn ich mich beim Reinigen meines Decks energetisch nicht in einem guten Zustand befinde, ist es, als würde ich den Boden wischen, während ich ein altes Paar schlammiger Stiefel trage! Die Dusche (mein Tor zum Jenseitigen) ist ein großartiger Ort, um schlechte Schwingungen den Abfluss hinuntergehen zu lassen. Ich stelle mir das Wasser als reine Lichtenergie vor, die all den trüben Dreck wegspült, der sich mit der Zeit ansammelt. Eine andere Technik – und ich will hier nicht zu gefühlsduselig werden – besteht darin, sich vorzustellen, dass all der negative Müll im eigenen Körper von einem Badewannenstöpsel mit einer Metallkette festgehalten wird. Stelle dir vor, dass er sich in der Nähe deines Bauchnabels oder deines Solarplexus befindet.

Nun stelle dir vor, dass du an der Metallkette ziehst, bis sich der Gummistöpsel löst und du damit all die emotionalen Gifte loslässt, die sich in deinem Körper angesammelt haben, einfach deshalb, weil man, nun ja, lebt.

Die Sonne, wenn sie denn da ist (ich wohne in Seattle, was bedeutet, dass sie neun Monate im Jahr oft nicht da), ist auch eine ausgezeichnete Quelle, um negative Energie zu beseitigen. Die Kraft ihres Lichts ist transformativ, das Ganze dauert nicht lange, und man muss sich auch nicht ausziehen. Meine Erfahrung ist, dass schon zehn bis fünfzehn Minuten, in denen ich gemütlich in der Sonne sitze, meine Stimmung auf wunderbare Weise anheben können.

Hausputzen und Räuchern sind zwei Tätigkeiten, die für mich Hand in Hand gehen. Das führt nicht nur dazu, dass man sich in seinem Haus wohlfühlt, sondern hebt auch die Gesamtschwingung an. Ich habe festgestellt, dass das Saging[1] sowohl auf mein Kind als auch auf meine Hündin Layla beruhigend wirkt, also ist es insgesamt ein großer Gewinn!

Um ein neues Deck oder ein Deck, in dem sich negative Energie angesammelt hat, zu reinigen, beginne ich damit, die Karten zu waschen. Zuerst breitet man die Karten auf einem Tisch aus (mit dem Bild nach unten) und vermischt sie. Achte darauf, dass sie gut durchgemischt sind! Dann lässt man sich von seiner Intuition leiten und zieht eine Karte aus einem Bereich und dann ein paar aus anderen Bereichen des Tisches.Wenn du etwa ein Drittel der Karten in der Hand hast, mischst du sie, bis du fühlst, es ist genug, und dann legst du den Stapel beiseite.

1 ‚Saging' ist die rituelle Reinigung mit Salbei-Rauch; Anm. d Ü.

Dann nimm vom Tisch weitere Karten auf, bis du nur noch ein Drittel übrighast. Mische die Karten und lege sie neben den ersten Stapel. Zum Schluss nimmst du die restlichen Karten und mischst sie ebenfalls. Nimm nun die drei Kartenstapel, und mische dann den gesamten Stapel. Wenn es dann Vollmond ist, lege den Stapel an diesem Abend in die Nähe eines Fensters, durch das das Mondlicht fällt.

Du kannst dein Kartendeck auch schützen, indem du Kristalle wie z.B. klaren Quarz auf die Schachtel des Decks legst.

Bevor du das Kartendeck berührst, um ein Reading zu machen, kläre deinen Geist. Das Ziel ist es, sich in einen Raum des Friedens und der Verbindung mit der göttlichen Energie zu begeben. Ich habe herausgefunden, dass mir Blumendüfte wie Jasmin und Rose helfen, den Alltagsstress loszulassen und ein Gefühl der inneren Ruhe zu erzeugen. Vielleicht ist auch ein Spaziergang dein Weg zu deinem höheren Selbst. Manchmal kann es Wunder bewirken, wenn man die Musik aufdreht und tanzt, um sich vom Stress zu lösen. Wie auch immer, es geht darum, dass man an einen Ort des Friedens gelangt. Du entscheidest, wie du das machst.

LEGEMUSTER

EINE KARTE ZIEHEN: RATSCHLÄGE

Das Ziehen einzelner Karten kann besonders nützlich sein, um Problembereiche oder Knoten aufzuspüren, die verhindern, dass die eigene Energie reibungslos fließt.

Beruhige deinen Geist und halte das Deck fest in deinen Händen. Vielleicht hast du eine bestimmte Frage im Kopf, oder du möchtest herausfinden, welche Informationen dir deine Geistführer*innen oder dein höheres Selbst in diesem Moment mitteilen möchten. Mische den Stapel, bis du dieses kleine Ziehen in deinem Bauch spürst – ziehe jetzt eine Karte. Manchmal kommt die Botschaft laut und deutlich rüber, wie etwa wenn du dich daran erinnerst, dass du vergessen hast, deiner Katze Futter in den Napf zu tun! Manchmal kommt die Botschaft in subtiler Weise zu dir, die erst mit der Zeit einen Sinn ergibt. Und dann gibt es Zeiten, in denen die Botschaft klar und deutlich ist, und trotzdem ignorieren wir sie einfach.

Bei meinem *Raben-Tarot*-Deck ist mir aufgefallen, dass dieselbe Karte immer wieder auftauchen kann, und ich glaube, dass es bei den Katzen ganz ähnlich ist, denn auch sie sind hartnäckige Geschöpfe. Wenn dies geschieht, ist es eine Botschaft, dass deine Geistführer*innen versuchen, deine Aufmerksamkeit zu bekommen, und es ist klar, dass du sie entweder ignorierst oder die Wahrheit nicht anerkennen willst, um es die ersten zwei oder drei Male wirklich zu verstehen. Ich schlage vor, ein Tagebuch zu erstellen und die Karten zu notieren, die du täglich ziehst.

VIER-KARTEN-SPREAD

Ich habe dieses Legemuster für das *The Grimalkin Tarot* entwickelt, aber es ist mein Favorit für eine schnelle Kartenlegung, unabhängig von dem Deck, das ich verwende.

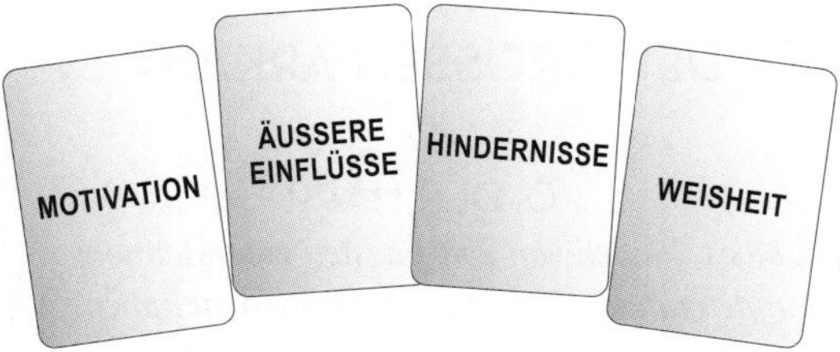

Motivation: Was ist deine Motivation? Was ist der Auslöser für dein Handeln?

Äußere Einflüsse: Welche äußeren Einflüsse sorgen für Spannung oder Unterstützung in deiner Situation? Was liegt nicht in deiner Hand?

Hindernisse: Was stellt sich dir in den Weg? Ist es wirklich oder wird es von dir nur so wahrgenommen?

Weisheit: Die Weisheit, die dir die Karten vermitteln und die dir helfen wird, dich in die beste Richtung zu bewegen.

DIE FRAGEN DER GROSSEN ARKANA

0. DER NARR

„Lässt du dich von den Ängsten oder Meinungen anderer davon abhalten, Vertrauen zu haben?“

1. DER MAGIER

„Was ist deine magische Kraft und setzt du sie ein?“

2. DIE HOHEPRIESTERIN

„Wenn du dich auf die Welt um dich herum einstimmst, was siehst, hörst und fühlst du dann?“

3. DIE HERRSCHERIN

*„Bist du dir deiner Stellung in dieser Welt bewusst, und dass du ein*e Schöpfer*in bist?“*

4. DER HERRSCHER

„Wer zieht dich zur Rechenschaft?“

5. DER HIEROPHANT

„Sind deine Traditionen und Überzeugungen eine Quelle der Kraft und Inspiration, oder hindern sie dich daran, dein Wissen zu erweitern?“

DIE FRAGEN DER GROSSEN ARKANA

6. DIE LIEBENDEN

„Kannst du dich einem anderen hingeben, ohne dich selbst zu verlieren?"

7. DER WAGEN

„Hast du die Situation unter Kontrolle?"

8. KRAFT

„Kannst du Widrigkeiten mit Anmut und vielleicht ein wenig Humor begegnen?"

9. DER EREMIT

„Wann fühlst du dich am meisten in Frieden?"

10. RAD DES SCHICKSALS

„Spielst du Roulette mit deiner Zukunft oder triffst du bewusst positive Entscheidungen?"

11. GERECHTIGKEIT

„Basieren die Entscheidungen, die du heute triffst, auf Logik und Weisheit, oder lässt du zu, dass Erwartungen dein Urteilsvermögen trüben?"

DIE FRAGEN DER GROSSEN ARKANA

12. DER GEHÄNGTE

„Bist du bei deinen Plänen auf die Hilfe anderer angewiesen, um voranzukommen, und wenn ja, kannst du deine Situation aus deren Perspektive sehen?“

13. TOD

„Kannst du die Schönheit finden, die du in dir trägst, in dem Teil von dir, der dich von Geburt an begleitet hat?“

14. MÄSSIGKEIT

„Wo verläuft für dich die Grenze zwischen Chaos und Harmonie, und kannst du das Gleichgewicht halten?“

15. DER TEUFEL

„Was verführt dich dazu, dich in eine Situation zu begeben, die vielleicht nicht so wünschenswert ist?“

16. DER TURM

„Kannst du das Grollen hören, bevor eine Situation dein Leben für immer verändert?“

DIE FRAGEN DER GROSSEN ARKANA

17. DER STERN

„Bist du in der Lage, die Leuchtkraft in dir zu sehen – den Teil von dir, der Liebe und Zugehörigkeit verdient?“

18. DER MOND

„Bist du authentisch, oder versuchst du lediglich, deine Vorstellung von deinem idealen Selbst darzustellen?“

19. DIE SONNE

„Gönnst du dir Zeit, dich in der Sonne zu wärmen, um deinen Geist wieder aufzuladen?“

20. GERICHT

„Bist du transparent?“

21. DIE WELT

„Bist du bereit, die Welt in deinen Händen zu halten?“

GROSSE ARKANA

O. DER NARR

Der Wolf jagte das Kaninchen durch den Wald und auf das Eis. Obwohl sich unter den Pfoten des Wolfes Risse bildeten, vertraute er darauf, dass das Eis sein Gewicht halten würde. Auch das Kaninchen war zuversichtlich, dass sein geringeres Gewicht und seine Schnelligkeit von Vorteil sein würden, als es aus dem Wald und in die Mitte des frisch zugefrorenen Sees flitzte. Beide Geschöpfe hatten ein Ziel vor Augen, und beide glaubten, dass das Eis sie nicht im Stich lassen würde. Als ich diese Karte entwarf, wollte ich die ganze Energie des *Narren* veranschaulichen. *Der Narr* steht nicht nur für das Loslassen der Angst und das Urvertrauen in das Universum, sondern auch für das Risiko des blinden Glaubens. Diejenigen, die am Ufer des Sees stehen und zuschauen, würden sowohl den Wolf als auch das Kaninchen als närrisch bezeichnen.

Traditionell geht es beim *Narren* darum, erst zu handeln und dann zu denken. Es ist eine Karte, die für ein großes Abenteuer stehen kann, wenn man seine Erwartungen loslässt und sich auf eine Reise begibt. Man weiß, dass man unabhängig vom Ergebnis etwas Wertvolles durch die Reise gewinnen wird. Wenn ich diese Karte sehe, ist die erste Frage, die mir in den Sinn kommt, ob ich zu sehr über meinen nächsten Schritt nachdenke. *Der Narr* bittet darum, das Bedürfnis loszulassen, jeden Aspekt einer Situation kontrollieren zu wollen. Erlaube den Ereignissen, sich zu entfalten, und wenn etwas anders erscheint, als du es erwartet hast, wird es sich vielleicht als angenehme Wendung auf deinem Weg zu einem neuen Vorhaben erweisen.

Wolf: Familie, Verlässlichkeit, Hoffnung, Teamarbeit, Vertrauen

Kaninchen: Überfluss, Fortpflanzung, Offenheit, Kreativität, Glück

1. DER MAGIER

Als es an der Zeit war, die Illustration für die Energie des *Magiers* zu entwerfen, drängte sich mir besonders der Waschbär auf, und ich wusste, dass dies die Kreatur ist, die die Eigenschaften des *Magiers* am besten verkörpert. Der Waschbär bewegt sich schnell und oft unbemerkt durch die Nacht, er ist kein passives Tier! Waschbären sind einfallsreiche Jäger, die es verstehen, ihre Ressourcen bestmöglich zu nutzen. Ob sie nun auf einen Baum klettern, um ein Ei aus dem Nest zu holen, oder den Hühnerstall des Nachbarn aufbrechen, so handeln sie mit Leidenschaft und Entschlossenheit, um zu bekommen, was sie wollen.

Die Energie des *Magiers* ist eine, die Handeln und Arbeit erfordert. Wie bei einem Zauberspruch sind Vorbereitung und Hingabe erforderlich. Wenn der *Magier* auftaucht, wirst du aufgefordert, die Kontrolle über die Situation zu übernehmen, um klare und bewusste Entscheidungen zu treffen, die die Tür für die richtige Gelegenheit öffnen, die wiederum die gewünschten Ergebnisse bringen werden. Wenn du diese Karte ziehst, nimm dir einen Moment Zeit, um ihre Energie in dich aufzunehmen. Ich spüre in dem Fall, dass die Elektrizität der Karte durch meine Hand und in meine Seele fließt. In diesem Moment der Verbindung wirst auch du ein erfrischendes Gefühl für Enthusiasmus und Leidenschaft empfinden, und als Ergebnis wirst du dich fühlen, als hieltest du die Macht der Welt in deinen Händen.

Waschbär: Flink, konzentriert, klug, geschickt, entschlossen, leidenschaftlich

2. DIE HOHEPRIESTERIN

Kannst du dir vorstellen, eine Fledermaus zu sein, die in der Nachtluft hängt und alles in sich aufnimmt, ohne dabei das Bedürfnis zu haben, impulsiv auf jeden Windhauch zu reagieren, der an deinem Kopf vorbeizieht? Wie es ist, alle deine Sinne in vollem Umfang zu nutzen? Wie sich deine langen, glatten Flügel anfühlen, die sich um deinen Körper wickeln, als ob sie einen friedlichen Kokon bilden, der dich in den Bäumen tarnt? Mir fällt kein anderes Geschöpf ein, das die Energie der *Hohepriesterin* besser verkörpert als die Fledermaus, die ja als „Wächterin der Nacht" gilt.

Die Hohepriesterin reist schweigend durch den Schleier der Dunkelheit, während sie ihre Intuition einsetzt, um die Informationen herauszufinden, die dich in dieser Zeit am besten unterstützen. Im Gegenzug musst du ihrer Energie mit der gleichen Frequenz begegnen, damit eine Verbindung entsteht und ihre Weisheit empfangen werden kann. Dies ist nicht die Zeit für impulsives Handeln oder dafür, der Welt deine Pläne mitzuteilen. Du wirst in dieser Zeit davon Nutzen tragen, wenn du ruhig bleibst, dich auf deine Umgebung einstimmst und dich mit deiner Intuition verbindest.

Obwohl wir in unserer Isolation, in dem Raum, in dem wir zur Ruhe kommen, die Antworten finden, die wir suchen, ist die Fledermaus-Energie auch eine Energie der Gemeinschaft und erinnert uns daran, dass wir alle davon profitieren, Teil von etwas Größerem als uns selbst zu sein, auch wenn es Zeiten geben mag, die Einsamkeit oder Geheimhaltung erfordern.

Fledermaus: Magisch, intuitiv, ruhig, spirituell, Erfolg, Wohlstand

3. DIE HERRSCHERIN

Die Herrscherin steht für mütterliche Liebe und Mitgefühl. Sie ist die Energie, die jeden Aspekt deines Lebens nährt, sei dieser nun emotional oder materiell. Die Macht der *Herrscherin* schafft eine wachstumsfördernde Atmosphäre und schützt dich vor Unglück. Wenn diese Karte erscheint, wirst du geführt und beschützt. Eine wohltuende Kraft ist hier vorherrschend, welche sich nichts sehnlicher wünscht, als dass ihr Kind Erfolg hat.

Eventuell wirst du auch gebeten, in die Rolle der Herrscherin zu schlüpfen, da jemand in deiner Nähe deine Liebe und Unterstützung braucht, um zu gedeihen. Erlebe die Welt mit den Augen einer *Herrscherin,* sieh die Fülle, die dir zur Verfügung steht. Da die *Herrscherin* keinen Mangel kennt und nicht konkurrieren muss, ist ihr Herz offen, und das Mitgefühl entsteht wie von selbst. Wenn du den Weg der *Herrscherin* beschreitest, wirst du die Mittel haben, deine Position und dein Privileg zu nutzen, um anderen zu helfen. Als es darum ging, die *Herrscherin* zu illustrieren, kam mir die Fuchsmutter in den Sinn. Ich stellte mir dieses schöne, lebhafte Tier vor, das sein Junges beschützt, während es unter der Erde ruht, mit Mutter Erde verbunden ist, wächst und vor Bedrohungen geschützt ist. Die Füchsin ist nicht nur attraktiv, sondern auch innovativ und einfallsreich, und ähnlich wie die *Herrscherin* sieht auch die Füchsin ihre Position und ihre Umgebung mit absoluter Klarheit. Die Energie der Füchsin als auch der *Herrscherin* sind von Raffinesse und Gerissenheit geprägt. Es ist eine Energie, die ein starkes Bewusstsein für alle Aspekte einer Situation schafft, so dass du, wenn du vorgehst, stets geschützt bist.

Füchsin: Schlauheit, Lebendigkeit, magisch, Gestaltwandeln

4. DER HERRSCHER

Der Herrscher kann sehr einschüchternd sein, vor allem, wenn du dich nicht an die Regeln gehalten oder einer Situation nicht deine volle Aufmerksamkeit geschenkt hast. Er wird dich für deine Handlungen zur Rechenschaft ziehen. Aber er ist auch ein fairer Machthaber, und wenn du in einem Streit, einer Meinungsverschiedenheit oder einem Rechtsstreit auf der richtigen Seite stehst, kannst du sicher sein, dass die Gerechtigkeit zu deinen Gunsten ausgeübt wird. Wie die *Herrscherin* könnte auch die Energie des *Herrschers* ein Signal dafür sein, dass es an der Zeit ist, aufzustehen und eine noble Führungsrolle zu übernehmen. Dein Beitrag könnte erforderlich sein, um ein Problem zu lösen oder eine Meinungsverschiedenheit zu schlichten, damit sich beide Parteien gehört und verstanden fühlen.

Bei der Erstellung dieser Karte kam mir sofort und ohne Zweifel die Große Horneule in den Sinn – edel, gesund und weise. Dieser Vogel ist kämpferisch und hat eine starke Präsenz, ganz so, wie ich mir einen Herrscher vorstelle. Eine interessante Tatsache, die ich bei der Recherche nach den

Tieren für dieses Deck herausgefunden habe: Obwohl die Große Horneule gewöhnliche Eulennahrung wie Nagetiere und Frösche zu sich nimmt, jagt sie auch größere Kreaturen, darunter andere Raubvögel wie etwa Falken. Mit ihren Krallen, die sich mit gebieterischer Kraft schließen und die es der Beute fast unmöglich machen, zu entkommen, ist die Entscheidung der Großen Horneule wie die des *Herrschers* endgültig. Diese Eule bietet dir ihren Mut und ihre Weisheit an, wenn du dich einer Situation stellen oder zum Angriff übergehen musst. Manchmal erfordert ein Problem ein gewisses Maß an Aggression, mit dem du deine Herrschaft, dein Bedürfnis oder deine Leidenschaft für ein positives Ergebnis zum Ausdruck bringst. Setze diese Energie weise und umsichtig ein.

Eule: Weisheit, Schutz, Autorität, Gewahrsein, Führung

5. DER HIEROPHANT

Die Energie des *Hierophanten* ist an unser Erbe, unsere Kultur und dem, was von uns erwartet wird, gebunden, und zwar aus keinem anderen Grund als der Schublade, in die wir aufgrund unserer Geburt gesteckt worden sind. Für viele bewirkt diese Energie Akzeptanz, wenn wir uns mit anderen, die uns ähnlich sind, verbinden. Es ist der *Hierophant,* der uns den ausgetretenen Pfad zeigt, den unsere Vorfahren beschritten haben. Die Energie des *Hierophanten* trägt die Weisheit der Zeitalter in sich, und wenn die Zeit gekommen ist, wird sie der Lehrer sein, den du brauchst.

Der Hierophant ist weder modern noch anpassungsfähig; seine Energie ist eher traditionell und dient dazu, dir zu zeigen, wie du in eine Schublade passt. Für manche ist das ein sehr beruhigender Ort. Für andere kann es sich erdrückend anfühlen. Nutze die Energie des *Hierophanten,* um deine eigene Position zu verstehen, um Weisheit und Wissen aus der Vergangenheit zu erlangen und um Unterstützung in einer Gruppe zu finden, die sich richtig anfühlt. Wenn du jedoch nach einer Veränderung oder einer neuen Perspektive suchst, könnte der *Hierophant* deinen Trotz als Herausforderung empfinden.

Als ich die Entstehung dieses Projekts ankündigte, gab es eine ganze Reihe von Anfragen für die Einbeziehung von Ratten. Obwohl ich etwas zimperlich bin, was diese Tiere angeht, erkenne ich doch die Gaben der Weisheit, die sie bieten.

Als meine Tochter klein war, liebte sie den Film *Ratatouille*. Als ich diese Karte illustrierte, dachte ich daran, wie der Rattenjunge ein Koch werden wollte, aber sein Vater erwartete von ihm, dass er die Küchen ausraubt, und die Köche erwarteten von ihm, dass er ein dreckiger kleiner Dieb ist. Die Ratte wurde in eine Schublade gesteckt, und zwar aus keinem anderen Grund als dem, dass sie als Ratte geboren wurde.

Die kleine Ratte wusste jedoch genug über sich selbst, um nicht zuzulassen, dass die Erwartungen der anderen ihr eigenes Schicksal bestimmte. Die Ratte bringt eine Energie der Anpassungsfähigkeit und eine Konzentration auf Problemlösungen mit sich. Wenn du den *Hierophanten* mit der Ratte kombinierst, wirst du nicht nur wissen, wo du gewesen bist, sondern auch, wohin du gehst.

Ratte: Intelligenz, Tradition, Beharrlichkeit

6. DIE LIEBENDEN

Ich begann mit dem *Wächter der Nacht Tarot*, gerade als die Schulen wegen des Coronavirus für dieses Jahr geschlossen wurden. In dieser Zeit habe ich streng darauf geachtet, dass die einzigen Fernsehsendungen, die mein Kind während des „Schultages" sah, Natur- oder Bildungssendungen waren. Hier entdeckte ich die Großartigkeit des Skorpions.

Ihr Paarungsritual beginnt nicht nur mit einem Tanz, sondern einige Weibchen sind besonders kritisch gegenüber ihrem Tanzpartner und beenden die Nacht, indem sie ihr Date töten. Diese Kreatur weiß, was sie mag und was nicht, und hat keine Angst, sich auszudrücken! Skorpione sind selbständig und unabhängig. Sie bringen auch Leidenschaft und Gefahr in eine Beziehung! Skorpione haben eine ausgeprägte Intuition und sind aufgrund ihrer Nähe zur Erde stark in sich zentriert. Wenn man eine Beziehung eingeht, sollte man sich an dieses weise Spinnentier wenden, um eine dauerhafte und für beide Seiten erfüllende Beziehung aufzubauen. Traditionell stehen *Die Liebenden* für eine Vereinigung zweier

Kräfte, eine Beziehung, die Kraft und Leidenschaft erzeugt, wenn sie geschmiedet wird. Allerdings wird nicht von dir verlangt, dass du deine Überzeugungen aufgibst oder dich den Vorlieben des anderen vollständig anpasst. Harmonie wird erreicht, wenn die Liebenden zusammenarbeiten, wenn sie ein gewisses Geben und Nehmen zulassen, um das Beste aus sich und dem anderen herauszuholen. Ähnlich wie bei einem Tanz!

Der Hierophant steht für kollektive Überzeugungen, während die *Liebenden* auf deine Individualität hinweisen. Welche Ideen und Überzeugungen bringst du in die Beziehung? Wo liegt deine Leidenschaft?

Skorpion: Schutz, Überzeugungen, Leidenschaft, starke Meinungen

Luna-Motte: Wiedergeburt, Erneuerung, Veränderung, Seele

7. DER WAGEN

Erinnerst du dich an die ganzen „Honey Badger Don't Care"-Meme, die jüngst im Umlauf, zum Beispiel auf Youtube, waren? Als es an der Zeit war, den *Wagen* zu entwerfen, kamen mir sofort diese Meme in den Sinn. Der Honigdachs gibt nicht auf, er nimmt sich, was er will, und er tut es, ohne sich darum zu scheren!

Der Honigdachs bringt eine Energie mit, die von roher Gewalt und reiner Entschlossenheit geprägt ist. Der Honigdachs stürmt los, ohne sich um irgendetwas in der Welt zu kümmern, und gerade jetzt könntest du davon profitieren, wenn du ein wenig von seiner Energie in deine eigene Situation einbringen würdest. Habe den Mut und baue den Drang auf, vorwärtszugehen, ohne die Situation zu sehr zu analysieren! Natürlich ist diese Energie mit einer Einschränkung verbunden: Du musst wissen, wie du sie zügeln und wie du dir diese Kraft zu Nutze machen kannst, damit sie dich nicht auf einen Kollisionskurs bringt, der durch unüberlegte oder impulsive Entscheidungen verursacht wird.

Die kraftvolle Energie des Honigdachses hilft dir, dein Selbstvertrauen zu entwickeln und Leidenschaft und Tatkraft zu entfachen. Wenn der Honigdachs in der Nähe ist, wirst du feststellen, dass deine Fähigkeit, zu verstehen, was getan werden muss, umso deutlicher wird, je stärker der Impuls zum Handeln wird. Deine Unabhängigkeit nimmt zu, du bist selbstständig und kannst jede Herausforderung meistern, die sich dir bietet.

Honigdachs: Elan, Konzentration,
Unabhängigkeit, Heilung

8. KRAFT

Kraft kann sich darauf beziehen, wie stark du körperlich bist, aber in diesem Fall steht Kraft sowohl für körperliche Beherrschung als auch die eigene Fähigkeit, seine Gefühle zu kontrollieren. Die Maus widersteht dem Drang, im Angesicht der Gefahr wegzurennen. Die Schlange widersteht dem Drang, sich einen Vormittagssnack zu gönnen. Dank ihrer Fähigkeit, loszulassen und sich ihren Ängsten zu stellen, können die Schlange und die Maus einander wahrhaftig als andere Lebewesen sehen, die mit Hoffnungen und Träumen auf diesen Planeten gekommen sind. In diesem Moment, in dem sie ihre Instinkte kontrollieren, öffnet sich ihnen die Welt, und neue Informationen können gewonnen werden.

Wenn du dich als Maus siehst, hast du vielleicht das Gefühl, dass du in deiner Situation das Opfer oder die Beute bist, oder dass deine Bedürfnisse von der Zustimmung anderer abhängig sind. Wenn du dich in einer Situation im Nachteil siehst, z.B. wenn du es mit deiner*m Chef*in zu tun hast, solltest du dich auf die Stärken der Maus besinnen, z.B. auf ihre Erdverbundenheit, denn sie bringt Erdung in deine Situation. Mäuse sind außerdem anpassungsfähig und können Hindernisse schnell überwinden.

Wenn du dich sofort mit der Schlange identifiziert hast, hast du vielleicht das Gefühl, dass du diejenige bist, die sich ändern oder Zugeständnisse machen muss, und das kann zu Unmut führen. Nutze diese Gelegenheit, um zu wachsen und um von anderen zu lernen. Du bist in der Lage, eine Atmosphäre der Heilung und Harmonie zu schaffen. Erinnere dich daran, dass sich eine Schlange häutet; deine gegenwärtige Situation könnte eine bedeutende Zeit des Wachstums darstellen.

Schlange: Veränderung, Wachstum, verbunden, spirituell, flexibel, Intuition

Maus: Ausdrucksstark, einfallsreich, spielerisch

9. DER EREMIT

Der Eremit war, wie bei meinen anderen Decks, die erste Karte, die ich für das *Wächter der Nacht Tarot* kreiert habe. Das ergibt Sinn, da dies normalerweise die Energie ist, die umherwirbelt, wenn Angst und Ungewissheit zusammenkommen, um Veränderungen herbeizuführen. Mitte März 2020, als die öffentlichen Schulen von Seattle ankündigten, auf unbestimmte Zeit geschlossen zu bleiben und die ganze Stadt praktisch abgeriegelt war, tauchte der *Eremit* auf, um mir zu helfen, mich mit der neuen Normalität abzufinden, in der ich mich von anderen fernhielt, mich zurückzog und mit meinen Gedanken allein war.

Das Bild einer Spinne, die ein Netz webt, das nicht nur schützt, sondern auch Nahrung ermöglicht, kam mir in den Sinn, als meine Tochter und ich, wie so viele andere auch, uns mit Vorräten eindeckten und im Grunde eine Art Nest bauten. Die Energie des *Eremiten* anzuzapfen, half mir, die Möglichkeiten der Weisheit zu entdecken, die das Eingeschlossen-Sein bot. Die Zeit, die ich drinnen verbrachte und in der ich mich nicht mit anderen Menschen traf, ließ neue Ideen in mir gedeihen und gab mir die Zeit, an ihnen zu arbeiten!

Der Eremit fordert dich heraus, die Einsamkeit zu suchen und den stillen Raum zu finden, der Einsichten deines höheren Selbst willkommen heißt. Die Energie des *Eremiten* geht oft jenen verloren, die das Alleinsein mit Einsamkeit verwechseln oder denen es unangenehm ist, nur mit ihren inneren Gedanken allein zu sein. Wenn diese Karte erscheint, nimm dir Zeit und übe die Fähigkeit, in der Einsamkeit zur Ruhe zu kommen. Sobald sich dein Geist in einem Zustand der Ruhe befindet, höre auf die leise Stimme, die durchkommt. Kannst du die Führung, die in ihr liegt, hören?

Die Spinne ist der ideale *Eremit,* denn sie ist ein weniger geselliges Geschöpf, das seine Zeit lieber im Schatten verbringt. Nimm Kontakt zu dieser Kreatur auf, die für ihre geheimnisvollen Eigenschaften bekannt ist, wenn es an der Zeit ist, dein Wachstum zu bewerten. Gibt es Möglichkeiten, ein neues Netz auszuwerfen oder ein neues Netz zu spinnen, das dir hilft, das gewünschte Ergebnis zu erzielen?

Spinne: Geduld, Bewusstsein für Kreativität, Schwingung und Vibrationen, Verbundenheit

10. RAD DES SCHICKSALS

Es ist oft ein Zeichen dafür, dass sich die Dinge in eine positivere Richtung bewegen und dass sich dein Glück zum Besseren wendet, wenn das *Rad des Schicksals* auftaucht, also nimm es zur Kenntnis! Diese Karte signalisiert dir, dass du deine Energie auf das konzentrieren sollst, was du erreichen willst. Kannst du das große Ganze sehen? Kräfte aus der höheren Ebene kommen zusammen, um dir zu helfen, und werden dir entgegenkommen. Welche Maßnahmen kannst du heute ergreifen, um die Dinge ins Rollen zu bringen? Wenn du dich umorientieren musst, ist es jetzt an der Zeit, deinen Horizont zu erweitern oder deine Situation aus einer neuen Perspektive zu betrachten. Ich muss gestehen, dass ich beim Anblick des *Rad des Schicksals* immer ein leichtes Kribbeln im Bauch bekomme, vor allem, wenn ich mich mit einer weniger erfreulichen Situation auseinandersetze!

Die Eulen, Fledermäuse und Schlangen kreisen am Nachthimmel, um einen Strudel aus heilender und transformierender Energie zu erzeugen. Die Eulen sorgen für Klarheit und die Fähigkeit, auch in der dunkelsten Nacht das Ziel zu sehen. Die Fledermäuse bringen Intuition und stellen eine Verbindung zu deinem höheren Selbst her, und die Schlange in der Mitte hilft dir, die Vergangenheit loszulassen und abzulegen, was dir nicht mehr dient, damit deine Träume größer werden können. Zwei Skorpione und zwei Nachtfalter bewachen die Umgebung und sorgen dafür, dass du dir selbst und deinen Werten treu bleibst, damit du in dieser Zeit des Wandels auf der Seelenebene dein wahres Ich erkennst.

Eule: Weisheit, Schutz, Autorität, Gewahrsein, Führung

Fledermaus: Magisch, intuitiv, ruhig, spirituell, Erfolg, Wohlstand

Schlange: Veränderung, Wachstum, verbunden, spirituell, flexibel, Intuition

Skorpion: Schutz, Glaube, Leidenschaft, starke Meinungen

Nachtfalter: Wiedergeburt, Erneuerung, Veränderung, Seele

11. GERECHTIGKEIT

Die Karmakarte. Die *Gerechtigkeit* ist blind (obwohl Fledermäuse entgegen der landläufigen Meinung nicht blind sind!), und deine Handlungen werden Konsequenzen haben, auch wenn sie sich nicht sofort materialisieren. Wenn die *Gerechtigkeit* auftaucht, solltest du dir Zeit nehmen, um alle Faktoren sorgfältig abzuwägen, bevor du eine endgültige Entscheidung triffst. Kannst du das Ergebnis vorhersagen oder einen vagen Eindruck davon bekommen, was passieren könnte? Du bist vielleicht nicht in der Lage, eine klare Vorstellung davon zu bekommen, was die Zukunft bringen wird, aber wenn du ein Gleichgewicht zwischen Logik und deinem inneren Kompass findest, wirst du dich auf deine Umgebung einstimmen und ein Gefühl dafür bekommen, was dich erwartet. Die Gerechtigkeit wird dich zur Rechenschaft ziehen, wenn deine Handlungen und Absichten nicht im Einklang stehen. Wenn du es vermeidest, dir selbst oder anderen gegenüber ehrlich zu sein, wirst du ihr rasches und unerschütterliches Urteil spüren.

Wie die Fledermaus, die durch den Nachthimmel fliegt und mit Hilfe von Echoortung in der

Dunkelheit nach einer Mahlzeit sucht, wobei sie nur die ihr zur Verfügung stehenden Mittel nutzt, so bist auch du aufgefordert, dich von deinem erlernten Wissen und deiner Intuition zu einem idealen Ergebnis führen zu lassen. Wenn du eine Entscheidung treffen oder Maßnahmen ergreifen musst, ohne dass dir alle Informationen verfügbar sind, rufe die Energie der Fledermaus an, um dir Mut zuzusprechen, denn sie wird dich leiten – diese mystischen und magischen Geschöpfe stehen im Einklang mit den Schwingungen des Universums.

Fledermaus: Magisch, intuitiv, ruhig, spirituell, Erfolg, Wohlstand

12. DER GEHÄNGTE

Erst wenn wir uns dabei entspannen, dass wir unbeweglich geworden sind, werden die Gaben des *Gehängten* deutlich. Die Fähigkeit, die eigene Situation aus einem anderen Blickwinkel oder einer neuen Perspektive zu sehen, öffnet die Tür für andere Optionen und neue Möglichkeiten. In diesem Zustand der Unbeweglichkeit nimmt unser kreativer Geist die Welt aus einem neuen Blickwinkel wahr, sammelt weitere Informationen und lässt neue Ideen entstehen. Mit weiteren Informationen entwickeln sich die Meinungen, an denen wir einst festhielten; während einige verwelken, werden andere aufblühen.

Der Gehängte steht für Untätigkeit oder Stagnation durch jemanden oder eine Situation, auf die wir keinen Einfluss haben. Das kann in etwa so ärgerlich sein, wie wenn man in der Warteschleife hängt, während man versucht, mit dem Kundendienst in Verbindung zu treten, oder wenn sich ein Projekt verzögert, weil die Person, die den nächsten Schritt absegnen muss, unerwartet krankgeschrieben ist. Es gibt nichts, was du tun kannst. Auch wenn es frustrierend ist, erscheint der *Gehängte*, um uns eine grundlegende Lektion zu erteilen: Geduld und Mitgefühl, wenn deine Verzögerung auf das Unglück eines anderen zurückzuführen ist.

Opossums sind keine Kämpfernaturen. Wenn sie bedroht werden, halten sie inne und stellen sich tot. Wenn du dich in einem vorübergehenden Schwebezustand befindest, nimm dir ein Beispiel am Opossum und halte dich zurück. Wenn du in dieser Zeit kämpfst, führt das nicht zu positiven Ergebnissen, sondern lenkt nur die Aufmerksamkeit auf dich, und das vielleicht zum ungünstigsten Zeitpunkt. Du könntest dich unvorbereitet für einen Kampf und in einer Position wiederfinden, in der selbst das kleinste Problem zu weiteren Verzögerungen führen könnte.

Opossum: Passiv, Perspektive, nach innen gehen, Untätigkeit

13. TOD

Viele Menschen schrecken zurück, wenn diese Karte in einer Legung auftaucht, als ob sie ein Omen wäre, das auf ein baldiges Hinscheiden aus dieser Welt hindeutet. Selten deutet diese Karte auf einen bevorstehenden Verlust des Lebens hin; sie kann jedoch sehr wohl darauf hinweisen, dass das Leben, wie man es kennst, eine Veränderung erfahren wird. Es ist an der Zeit, ein Kapitel abzuschließen, weiterzugehen und etwas loszulassen, das seinen Zweck erfüllt hat.

Veränderung ist schließlich, wie auch der Tod, unvermeidlich. Wenn die Todeskarte erscheint, solltest du überlegen, ob du zu viel Zeit und Energie in etwas steckst, das kein Wachstumspotenzial mehr bietet. Ähnlich wie beim religiösen Gießen eines toten Baumes kannst du nicht viel tun, um ihn wieder zum Leben zu erwecken, und deine Bemühungen, auch wenn sie ernst gemeint sind, werden vergeblich sein. Du wirst aufgerufen, dich von den Anhaftungen zu lösen, die keine Wachstumsmöglichkeiten mehr bieten, denn dadurch öffnest du die Tür für etwas Neues.

Als es an der Zeit war, die Karte *Tod* zu illustrieren, dachte ich darüber nach, dass wir manchmal alles in unserer Macht Stehende tun, um das zu vermeiden, was wir am meisten fürchten. Für viele von uns bedeutet das etwa, einen einschränkenden Glaubenssatz loszulassen, aus unserer Komfortzone herauszukommen und eine bedeutende Lebensveränderung in Angriff zu nehmen. Veränderungen erfordern Verletzlichkeit, und es ist so viel einfacher, sich nicht zu verändern oder die Veränderung zu vermeiden. Im Laufe der Zeit entwickeln wir uns jedoch auch in kleinen Schritten weiter, und der Raum, in dem wir Zuflucht gesucht haben, bleibt derselbe. Schließlich wird dieser stagnierende Raum enger, und die Gefühle des Unbehagens werden spürbarer und möglicherweise zerstörerisch. Am Ende sitzen wir auf schmerzhafte Weise fest. Vor meinem geistigen Auge erschien die Vision eines niedrigen Dornenbusches und einer Rattenfamilie, die Schutz vor einer Eule sucht.

Die Angst hielt die Ratten davon ab, sich zu bewegen, ihren kreativen Verstand zu benutzen – zu leben. Im Laufe der Zeit wurde der Dornenbusch, in dem sie sich einst so sicher fühlten, aber zu ihrem Käfig. Sie versuchten, Unannehmlichkeiten zu vermeiden, aber ihr Leben änderte sich schließlich trotzdem, und zwar nicht zum Besseren. Veränderung ist unvermeidlich. Die Überzeugungen, die sie gehegt und gepflegt und in die sie so viel Zeit und Energie investiert hatten, hielten sie im Dornbusch fest, und als diese Überzeugungen ihnen nicht mehr dienlich waren, konnten die Ratten nicht erkennen, dass dieselben Gedanken schließlich zu ihrem Untergang führen würden. Der Unterschlupf, der sie einst in Sicherheit gebracht hatte, war zu einem Käfig geworden, der sie zur leichten Beute für Raubtiere gemacht hatte.

Die Eule bietet dir ihre Weisheit und einen scharfen Blick, um Bereiche zu erkennen, die befreit werden müssen. Du hast die Kraft, dich zu erheben und dich aus einer Situation zu befreien, die dich vielleicht festhält. Ratten sind für ihre Anpassungsfähigkeit bekannt. Wenn du die Ratte anrufst, um dich in einer Zeit des Wandels zu unterstützen, wirst du in dir die natürliche Fähigkeit finden, eine neue Umgebung zu akzeptieren und dich ihr anzupassen.

Eule: Weisheit, Schutz, Autorität, Gewahrsein, Führung

Ratte: Intelligenz, Tradition, Erfolg, Beharrlichkeit

0. DER NARR
4. DER HERRSCHER
9. DER EREMIT
14. MÄSSIGKEIT
19. DIE SONNE

14. MÄSSIGKEIT

Mäßigkeit verleiht einer Situation einen sanften Energiefluss und schafft Raum für Energien, die zusammenkommen und sich ohne Reibung miteinander verbinden können. In der *Mäßigkeit* kann man die vielen Seiten eines Problems verstehen, ohne sich niedergeschlagen oder überwältigt zu fühlen. *Mäßigkeit* ist ein Raum der vollständigen und totalen Kontrolle über deine Gefühle und Handlungen. Vielleicht hast du eine überquellende Aufgabenliste, zu der täglich neue Aufgaben hinzukommen, mit unzähligen Persönlichkeiten und Egos, die dich bombardieren und deine psychische Gesundheit strapazieren. Von links und rechts stürmen Situationen auf dich ein, die deine Aufmerksamkeit erfordern, und doch hast du es irgendwie geschafft, den Überblick zu behalten und dich nicht verrückt machen zu lassen. Du nimmst alles gelassen hin, übersiehst nichts oder lässt etwas unerledigt.

Du arbeitest deine Aufgabenliste ab und erledigst die Dinge, während du einen kühlen Kopf bewahrst. Wenn diese Energie vorhanden ist, wirst du diesen goldenen Raum der Harmonie genießen können, in dem Arbeit und Freizeit in müheloser Perfektion miteinander verschmelzen. Es geht darum, Maß zu halten und ein Gleichgewicht zu finden, indem du dich verbunden fühlst und deine Gefühle unter Kontrolle hast.

Wenn du dich mit einer schwierigen oder emotionalen Situation auseinandersetzt, könnte die *Mäßigkeit* als Warnung dienen und darauf hinweisen, dass es sich als vorteilhaft erweisen wird, von einer extremen oder starren Position in die Mitte überzugehen. Du solltest überlegen, ob du dich zu sehr emotional engagierst. Wenn es sich um eine rechtliche Angelegenheit handelt, wird ein Vorschlag, bei dem eine gemeinsame Basis gefunden wird, für beide Parteien von Vorteil sein. Deine einzigartige Perspektive und dein Einblick werden dazu beitragen, zwei Parteien zusammenzubringen, um ein gütliches Ergebnis zu erzielen.

Der Frosch verkörpert die Energie der *Mäßigkeit,* da er sein Leben im und außerhalb des Wassers im Gleichgewicht hält.

Frosch: Wachstum, Gleichgewicht, Wohlstand, Transformation, Glück

15. DER TEUFEL

Wenn du dich dafür entscheidest, auf der Couch zu sitzen und eine ganze Staffel einer Fernsehserie zu schauen, während du Eis isst, anstatt eine lästige Aufgabe anzugehen, die eigentlich erledigt werden muss, dann ist das die Energie des *Teufels*, die dich testet und eine Gelegenheit schafft, deinen Wunsch nach Bequemlichkeit zu nähren.

Der Teufel bringt Schwäche, Trägheit und verführt zur Entscheidung für das, was unsere unmittelbaren Bedürfnisse befriedigt, anstatt sich einer Herausforderung zu stellen. Dem *Teufel* widerstehen zu wollen kann, gelinde gesagt, entmutigend sein. Oft erkennen wir ihn erst, wenn es zu spät ist, da sich diese schlaue Kreatur als etwas Faszinierendes oder Begehrenswertes tarnt. Ein Wochenende, an dem man sich auf der Couch ausruht, braucht jeder von uns hin und wieder. Wenn es jedoch zur täglichen Gewohnheit wird, entwickelt sich eine ungesunde Sucht, deren Überwindung weitaus schwieriger ist als die ursprüngliche Aufgabe. *Der Teufel* ist gerissen, verfügt über scharfsinnige Kenntnis der menschlichen Natur. Seine Macht liegt darin, unsere

Schwächen zu verstehen, denn er weiß, welche Fäden gezogen werden müssen und welche die größte und zerstörerische Wirkung haben.

Wenn wir es vorziehen, zu schweigen, anstatt den Mund aufzumachen, wenn wir uns klein machen aus Angst, lächerlich gemacht zu werden, dann ist das das Werk des *Teufels*. Die Energie schleicht sich ein, um einen Keim des Selbstzweifels zu legen, und verstärkt ihn dann, indem sie Ideen für ein viel attraktiveres Szenario liefert, eines, das keinen Schmerz verursacht. Wenn wir uns weigern, der Realität ins Auge zu sehen, wenn wir uns erlauben, in einem destruktiven Muster oder einer Gewohnheit zu verharren, wenn der für die Freiheit erforderliche Schmerz oder das Leiden zu extrem ist, sind wir dem *Teufel* ausgeliefert. Diese Kreatur findet Gefallen daran und wird stärker, wenn wir unseren schlimmsten Charakterfehlern zum Opfer fallen. Wenn der *Teufel* auftaucht, musst du dich vielleicht prüfen, ob sich etwas als einfache Lösung oder als weniger herausfordernde Alternative maskiert.

Hasenbock: Mythos, Legende, von Menschen gemacht, mystisch

16. DER TURM

Die Energie des *Turms* kann unser Leben auf unterschiedlichste Weise in Beschlag nehmen. Es könnte der Verlust des Arbeitsplatzes sein, ein plötzlicher und unerwarteter Verlust des Wohnsitzes, eine Rechnung, die aus heiterem Himmel kommt und die Ersparnisse zunichtemacht. *Der Turm* bringt rasche Veränderungen mit sich, die das Leben, wie wir es kennen, erschüttern. All die Strukturen, an die wir uns gewöhnt haben, die Sicherheit, die wir vielleicht für selbstverständlich gehalten haben, werden uns unter den Füßen weggerissen, und das Gefühl, wie in die Luft geschleudert zu werden, taucht auf.

Wenn *Der Turm* in einem Reading auftaucht, kann er auf einen bedeutsamen Moment in deiner Vergangenheit hinweisen, der eine große Störung verursacht und infolgedessen dazu geführt hat, dass du nun die Scherben aufsammeln musst. Er kann auch eine Warnung sein, ein Zeichen dafür, dass sich etwas Wichtiges in deinem Leben bald ändern wird. So wie der Zug rumpelt, bevor er langsam in den Bahnhof einfährt, solltest du diese Warnung beherzigen, denn der Zug wird pünktlich einfahren. Die Botschaft lautet: Sei vorbereitet! Höre auf deine Intuition. Vielleicht ahnst du schon, dass sich im Beruf etwas verändern wird oder dass deine einst so rosige Beziehung am Verwelken ist. Vielleicht hast du auch das Gefühl, dass dein Vermieter plant, das Gebäude zu verkaufen; was auch immer es ist, der *Turm* kann ein Geschenk sein, da er dir erlaubt, deinen nächsten Schritt zu planen.

Da Geier warme thermische Aufwinde benötigen, können sie nachts nicht fliegen. Ich stellte mir vor, wie diese gemeinschaftlich lebenden Kreaturen, diese großen, kühnen und tagsüber einschüchternden Vögel, in Panik geraten würden, wenn sie plötzlich aus ihrem nächtlichen Nest geworfen würden. Ich stellte mir diesen anfänglichen Zustand der Raserei vor; es ist das gleiche Gefühl, das wir Menschen empfinden, wenn uns die Grundlage, an die wir uns so sehr gewöhnt haben, entrissen wird. Der Geier ist jedoch kein Schwächling, er kauert nicht und lässt sich nicht unterkriegen, im Gegenteil, er ist ein Kämpfer und Aasfresser.

Geier: Gemeinschaft, Harmonie, Wiederherstellung

17. DER STERN

Kraftvoll und beschützend. Wenn ich an die Energie des *Sterns* denke, kommt mir das Wort *Anmut* in den Sinn, und das Gefühl, in Frieden zu sein. Wenn du dich in seinem Licht sonnst, kannst du spüren, wie sich deine Welt verändert und sie zu einem Ort der Ruhe und Harmonie wird. Die Energie dieser Karte öffnet einen direkten Kanal zum Göttlichen und erlaubt es, dass Gefühle der Hoffnung und des Optimismus negative Gedanken oder Emotionen ersetzen, die vielleicht deine Situation beherrscht haben. Im *Stern* liegt eine ruhige Zuversicht, die uns in Zeiten der Trauer oder des Herzschmerzes tröstet und uns das Wissen einflößt, dass am Ende alles gut werden wird, selbst wenn wir mit den schwierigsten Kämpfen konfrontiert werden. Das Licht des *Sterns* wird eine Schwierigkeit nicht beseitigen oder die Wahrheit rosarot einfärben. Es hilft uns auch nicht dabei, eine schwierige Situation zu verleugnen. Nein, es ist der *Stern*, der deine Stärken, deine persönliche Kraft beleuchtet, so dass du den Mut hast, vorwärtszugehen und selbst das größte Hindernis zu überwinden.

Wenn du dein Herz dem *Stern* öffnest, wenn du zulässt, dass sein helles, vibrierendes Licht alle Selbstzweifel wegspült, werden die einst alles verzehrenden negativen Gefühle oder Gedanken deine Entscheidungen oder deine Wahrnehmung von Ereignissen nicht mehr beeinflussen. Ein neues Gefühl der Ermächtigung wird sich einstellen. Ich weiß, wann ich von der Energie des *Sterns* beeinflusst werde, weil ich mich beweglicher und fähiger fühle, eine positive Lösung zu finden. Die Kraft des *Sterns* ist zwar groß und wohltuend, aber sie liefert keine einfachen Antworten; stattdessen versorgt sie uns mit Inspiration, damit wir den Weg zum gewünschten Erfolg finden werden. Rufe den Hirsch an, damit er dir hilft, dich mit der Energie des *Sterns* zu verbinden, denn dieses empfindsame und doch starke Geschöpf mit seinen geschärften Sinnen kann dir das Gefühl vermitteln, dich mit dem Planeten verbunden zu fühlen und im Einklang mit deiner Umgebung zu stehen. Wenn du das Geschenk des *Sterns* erhältst, nimm seine leuchtende Gegenwart in dich auf, und ein Gefühl des Vertrauens wird wiederhergestellt werden.

Hirsch: Intuition, Vertrauen, Schutz

18. DER MOND

Ungefähr zu der Zeit, als ich an den Großen Arkana für das *Wächter der Nacht Tarot* arbeitete, schienen die Sichtungen von Kojoten in unserer Nachbarschaft in Seattle ein Allzeithoch zu erreichen. Viele Menschen sympathisierten mit der erzwungenen Eingliederung dieser Kreatur in das städtische Leben, aber andere gerieten bei dem Gedanken in Panik, dass unsere Straßen zu Jagdgründen für hungrige Kojoten werden könnten. Ich musste an den Kojoten denken, der seine veränderte Umgebung nicht wahrnahm und sich sicher war, dass er in der Wildnis lebte und sein Leben so führte, wie er es tun würde, wenn es all die Stadthäuser, Wohnungen und schicken neuen Restaurants nicht gäbe. Natürlich genoss der Kojote den jüngsten Zustrom an leichter Nahrung, aber er dachte nicht allzu sehr darüber nach.

Der Mond erscheint, wenn für dich die Zeit gekommen ist, eine Situation so zu sehen, wie sie in Wirklichkeit ist, und nicht so, wie du sie dir vorstellst.

Du wirst aufgefordert, tief in die Dunkelheit deines Unterbewusstseins einzutauchen und zu erforschen, was darin schlummert. Nutze deine Vorstellungskraft, um deine Ängste und Befürchtungen zu erforschen und dem Unbekannten Raum zu geben, aus dem Schatten zu treten. Siehst du dein Leben so, wie es in Wirklichkeit ist, oder konstruierst du eine Geschichte, die sich bequemer und vertrauter anfühlt? Rufe den gerissenen und schlagfertigen Kojoten an, wenn du dich einer komplizierten Realität stellen musst, denn dieser Trickster kann dir helfen, den Humor und die leichtere Seite des Lebens zu sehen.

Kojote: List, Anpassung, Kreativität, im Schatten verstecken

19. DIE SONNE

Wenn *Die Sonne* in einem Reading auftaucht, solltest du darauf gefasst sein, dass du gesehen wirst, dass deine Talente erkannt und deine Bemühungen anerkannt werden. Du wirst spüren, wie eine warme Energie von dir Besitz ergreift, wenn die Menschen um dich herum ihre Anerkennung und Unterstützung zum Ausdruck bringen. Die mächtige *Sonne* hilft dir auch, etwas zu sehen, das deiner Situation zugutekommt; etwas Neues, das man normalerweise übersehen würde, wird aufleuchten und hervorstechen, so dass du es nicht übersehen kannst. Wenn du dich im Licht der *Sonne* sonnst, wirst du Mut und Selbstbewusstsein spüren. Du wirst den Drang verspüren, aufzustehen und gesehen zu werden. Du sollst darauf vertrauen, dass dir deine Fähigkeiten und Talente die Tür zu neuen Möglichkeiten öffnen werden. Sei dir jedoch bewusst, dass die Sonne hell leuchtet, und wenn du mit weniger als edlen Absichten handelst, werden auch diese im Licht stehen.

Berglöwen wandeln auf diesem Planeten mit dem Wissen, dass sie heilig sind und die Aufmerksamkeit aller auf sich ziehen, die an ihnen vorbeikommen. Sie haben es nicht nötig, der Welt von ihrer Größe zu erzählen; sie brauchen dich nur von einem Baumstamm aus anzustarren, um es in deinem Gesicht zu erkennen. Rufe die authentische und kraftvolle Energie des Berglöwen an, wenn du einen zusätzlichen Schub an Selbstvertrauen brauchst, und auch du wirst dich fühlen, als wärst du der Herrscher des Waldes.

Berglöwe: Authentisch, stark, Selbstbewusstsein, großzügig

20. GERICHT

Die Illustration für das *Gericht* kam mir sofort in den Sinn. Ich besuchte einen Freund, der ein kleines Haus am See auf der Olympic Peninsula besitzt, und stieß bei einem unserer Spaziergänge auf eine Schlangenhaut. Wie ein Blitz aus heiterem Himmel trat das Bild der *Gericht*-Karte in meinen Geist. Welches Tier könnte besser für das Ablegen der Vergangenheit und die Transformation stehen als eine Schlange!

Das *Gericht* deutet auf einen bemerkenswerten Wendepunkt hin und fordert dich auf, dein Leben als Ganzes zu betrachten, das Gute, das Schlechte und ja, auch das Hässliche. Wenn diese Karte erscheint, werden wir ermutigt, uns zu öffnen und ehrlich zu sein, keine Ausreden für unser Versagen zu suchen oder mit dem Finger auf diejenigen zu zeigen, die unser Leben negativ beeinflusst haben. Es ist an der Zeit, die Vergangenheit loszulassen, zu unseren eigenen Handlungen und Beiträgen zu stehen und die Verantwortung zu übernehmen, um Wachstum zu fördern.

Wenn du dich selbst voll und ganz akzeptierst, wird sich das positiv auf deine Situation auswirken, denn es ist die Zeit für eine bedeutende Entwicklung. Wenn du die Energie der Schlange anrufst, wirst du in einer Zeit der Transformation Unterstützung finden. Die Schlange ist auch ein Symbol der Heilung, denn sie hilft dir, schmerzhafte Momente aus der Vergangenheit loszulassen, um in der Zukunft umso stärker zu werden.

Schlange: Veränderung, Wachstum, verbunden, spirituell, flexibel, Intuition

21. DIE WELT

Kennst du das Gefühl, das du hast, wenn der letzte Gast nach einem tollen Abend mit gutem Essen und guten Gesprächen gegangen ist? Man ist zugleich satt, erschöpft und beschwingt. Das ist das Gefühl, das *Die Welt* in deine Situation bringt. Es ist eine Energie völliger und vollkommener Zufriedenheit. Nicht nur, dass etwas positiv zu Ende gegangen ist, sondern du bist auch dankbar und verliebt in das Leben. Eine lange Reise ist zu Ende gegangen und hat ein siegreiches Ende gefunden, und obwohl neue Erfahrungen auftauchen, die gemacht werden müssen, hast du jetzt die Erlaubnis, dich einfach in der Freude zu sonnen, die von einem wohlverdienten Erfolg kommt.

Als ich diese Karte entwarf, wollte ich, dass jeder, der sie in der Hand hält, die Freude am Leben und die Aufgeregtheit spürt, die aus der Hoffnung auf eine bessere Zukunft erwächst.

Rufe die fleißige, produktive Energie der Biene an, um dir dabei zu helfen, das Ende zu erreichen, das du dir wünschst, denn diese kleine, aber mächtige Kreatur kann dir helfen, die Süße des Erfolgs zu schmecken. Auf der Unterseite dieser Karte findest du einen Grashüpfer, der für den Überfluss und Wohlstand steht, den du durch deine Bemühungen erreichen wirst. Der Grashüpfer ist auch ein Symbol dafür, dass du dir selbst treu bleibst, dein Leben lebst und nicht andere imitierst, denn dein Leben steht vor einem großen Sprung nach vorn.

Biene: Zusammenarbeit, Gemeinschaft, Wohlstand, Süße des Lebens

Grashüpfer: Wohlstand, Glück, Überfluss

KLEINE ARKANA

STÄBE

ASS DER STÄBE

Das *Ass der Stäbe* bringt einen originellen Weg ins Licht, einen neuen Grund, sich für eine erblühende Situation zu begeistern. Jetzt ist nicht die Zeit, sich zurückzulehnen und darauf zu warten, dass etwas passiert; nein, jetzt ist es an der Zeit, mit deinem kreativen Geist alle Möglichkeiten zu erkunden. Wenn das *Ass der Stäbe* erscheint, wirst du davon profitieren, wenn du den Mut aufbringst und dich auf neue und fantasievolle Ideen einlässt. Jetzt ist nicht die Zeit für Selbstzweifel oder Hinterfragen. Achte auf dein Bauchgefühl und auf Bereiche, die deine Aufmerksamkeit erfordern.

Wie bei einem Spinnennetz spürst du die Schwingung, wenn etwas von Wert in der Nähe ist. Achte auf die Zeichen und folge deinem Bauchgefühl, denn es wird dir den Weg zu neuen Möglichkeiten weisen. Rufe die Energie des Glühwürmchens an, wenn du in der Dunkelheit Trost oder den Mut brauchst, weiterzumachen, ohne genau zu wissen, wohin du gehst. Dieses kleine Geschöpf erhellt die dunkelsten Nächte. Wenn du ihre Energie nutzt, spürst du, wie sie von innen heraus leuchtet und dich auf deinem Weg begleitet. Die Spinne nutzt ihre Energie, indem sie Kreativität und Sensibilität für Schwingungen anwendet. Die Spinne weiß, wie man das perfekte Netz knüpft, das den größten Nutzen bringt, ohne sich in sich selbst darin zu verfangen. Obwohl sich ein neues Abenteuer anbahnt, bringt die Spinne auch Beherrschung mit. Die Fähigkeit, eine Grundlage für den Erfolg zu schaffen, ist nur ein Teil der Gleichung; die Spinne besitzt zudem auch Geduld, denn sie weiß, dass sich ihre harte Arbeit mit der Zeit auszahlen wird und sie das gewünschte Ergebnis anziehen wird.

Spinne: Geduld, Kreativitätsbewusstsein, Schwingung, Verbundenheit

Glühwürmchen: Führung, Kreativität, Inspiration

ZWEI DER STÄBE

Die Geschichte, die ich mir für die *Zwei der Stäbe* ausgedacht hatte, handelte von einer Löwin, die es leid war, dass ihr Partner in letzter Minute auftaucht, nachdem sie die ganze harte Arbeit des Erlegens des Wildes erledigt hat, und der die Belohnung für sich selbst wollte. Während der männliche Löwe in der Ebene faulenzte, heckte die Löwin einen Plan aus, der ihr nicht nur den Ruf einer wilden Anführerin einbringen, sondern ihr auch den Löwenanteil der Beute bescheren würde.

Die *Zwei der Stäbe* zeigt an, dass es an der Zeit ist, einen mutigen Schritt zu tun oder ein Risiko einzugehen, vor dem man in der Vergangenheit vielleicht zurückgeschreckt ist. Wenn du mit Zuversicht an eine Situation herangehst, wird es dir helfen, wenn du deine Vision für die Zukunft als Pionier*in mit anderen teilst. Dies ist nicht der Zeitpunkt, um auf Bewährtes zurückzugreifen oder auf Nummer sicher zu gehen; nein, es ist an der Zeit, originell zu sein und einen Schritt nach vorne zu gehen, um deine persönliche Macht geltend zu machen. Widerstehe dem Drang, deine Entscheidung im Nachhinein zu revidieren. Wenn du Zeit damit verbracht hast, alle Aspekte abzuwägen, dich mit denjenigen beraten hast, die von den Auswirkungen betroffen sein könnten, und alle dir zur Verfügung stehenden Informationen abgewogen hast, dann lass los und entscheide dich ein für alle Mal. Wenn du wegen des Ergebnisses besorgt bist und die Möglichkeit siehst, dass du es in der Zukunft bereuen könntest, ist es auch keine Schande, eine Entscheidung aufzuschieben; was du auch tust, tue es einfach mit Klarheit und Überzeugung.

Wenn du das Selbstvertrauen brauchst, um eine Entscheidung zu treffen, insbesondere eine, die dich aus dem Status quo herausführt, rufe die nährende weibliche Energie des Löwen zum Schutz an. Lass dich von diesem königlichen und anmutigen Tier in einen Zustand des Selbstbewusstseins führen, wenn du dich vom Rudel abhebst.

Löwe: Leidenschaft, Befehl, Autorität, Königtum, Macht, Prestige

DREI DER STÄBE

In deiner aktuellen Situation könnte es von Vorteil sein, deinen Horizont zu erweitern, indem du über die Gegenwart hinaus in die Zukunft blickst. Es gibt eine große Welt da draußen, die darauf wartet, erkundet zu werden! Die *Drei der Stäbe* bittet dich, nicht ohne Plan in die Tat zu schreiten. Du hast viel Zeit, um die Details zu klären, und wenn du deine Energie darauf konzentrierst, eine Vision davon zu entwickeln, wohin du gehen willst, wird ein*e Wegweiser*in erscheinen.

Die *Drei der Stäbe* gibt dir grünes Licht, um zu handeln. Geh vorwärts, denn du weißt, dass der Ort, an dem du landest, ein positiver sein wird. Als ich über die Botschaft der *Drei der Stäbe* nachdachte, kamen mir deshalb die Zugvögel in den Sinn.

Scherenschwanz-Schnäpper ziehen durch den dunklen Himmel, wenn sie von Mittelamerika in die nordamerikanischen Ebenen zurückkehren. Abgesehen davon finde ich es interessant, dass sie ihren Weg durch die Nacht über Tausende von Kilometern finden können. Sie neigen dazu, umherzuwandern und sich vielleicht nicht für das nächstgelegene Gebiet zu entscheiden, sondern eher für das, das sich richtig anfühlt. Ruf diesen schönen Singvogel an, wenn dich das Fernweh packt, denn dieser Vogel scheut sich nicht, weite Strecken zurückzulegen.

Scherenschwanz-Schnäpper: Wanderung, Weg, Ausdehnung, Reise

VIER DER STÄBE

Die lärmende Elster singt so laut, dass es kaum eine bessere Möglichkeit gibt, die fröhliche *Vier der Stäbe* darzustellen. Dir wird das Geschenk einer starken Dosis positiver Energie angeboten. Lass dich mit ganzem Herzen auf die Energie der *Vier der Stäbe* ein. Spürst du die Aufregung, die dich umgibt, wenn eine Feier bevorsteht?

Wenn du in Party-Stimmung bist, erzeugst du eine Frequenz, die die Tür für eine Begegnung mit jemandem öffnet, der eine entscheidende Rolle dabei spielt, dir bei der Erfüllung eines Wunsches zu helfen. Diese Person könnte deine nächste Liebesbeziehung sein; sie könnte eine Verbindung zu deinem Traumjob oder deiner*m zukünftigen Geschäftspartner*in haben. Der Schlüssel liegt darin, deine Erwartungen loszulassen und einfach die Party zu genießen, sich nicht um materielle Wünsche zu kümmern und im Augenblick zu leben, denn nur so kannst du dich darauf einstimmen und die Gelegenheit anziehen.

Fällt es dir schwer, dich auf die Party einzustimmen? Ruf die Energie der gesprächigen Elster an, um einen Ausgleich zu schaffen, denn dieser kokette Vogel gibt dir den Mut, mit fast jedem ins Gespräch zu kommen.

Elster: Kommunikation, Kreativität, Gemeinschaft, Spaß, Verspieltheit

FÜNF DER STÄBE

Kennst du diese Tage, an denen du mit einem Plan aufwachst, den du dann aber wieder verwerfen musst, weil das Universum den Plan anscheinend nicht verstanden hat? Du verbringst den Tag damit, Feuer zu löschen und dich um Dinge zu kümmern, die wie aus dem Nichts aufgetaucht sind, und gerade, wenn du glaubst, dass du alles erledigt hast, taucht etwas Neues auf, um dich mitzureißen. Vielleicht erlebst du einen dieser Tage, an denen du das Gefühl hast, dass jeder Mensch, dem du begegnest, eine andere Meinung hat, und niemand scheint sich auf eine Meinung einigen zu können.

Die *Fünf der Stäbe* deutet an, dass du einige Dramen erleben wirst, die auf belanglose Debatten, Forderungen oder einfach auf das Leben zurückzuführen sind. Wenn du gerne positiv denkst, könnte dies eine ausgezeichnete Gelegenheit sein, eine neue Perspektive zu gewinnen oder das Tempo zu drosseln. Bei der *Fünf der Stäbe* kam mir die Idee des Bibers in den Sinn, der unermüdlich daran arbeitet, sich ein Zuhause zu schaffen, während er mit dem rauen Wasser kämpft.

Ich dachte an dieses arme Geschöpf, das einer so überwältigenden und unkontrollierbaren Naturgewalt ausgeliefert ist, das aber gleichzeitig unbeirrt und konzentriert an seiner Aufgabe festhält.

Der Biber ist ein weiser Baumeister, der uns die Weisheit vermittelt, Grenzen zu errichten, die sicherstellen, dass wir bei der Sache bleiben. Wie die Dämme, die sie bauen, solltest du vielleicht etwas langsamer werden, dich ein wenig in Zurückhaltung üben und nicht jeden Impuls oder jedes Verlangen, zu handeln, durchbrechen lassen.

Biber: Aufbau, Grenzen, Entschlossenheit, Kreativität, Durchhaltevermögen

SECHS DER STÄBE

Der Sieg ist dein! Genieße ihn, während du in die warme Gnade derer gehüllt bist, die deine Hingabe und harte Arbeit zu schätzen wissen. Genieße das Lob, wenn du es erhältst, und baue dann auf deinem Erfolg auf. Die *Sechs der Stäbe* fordert dich auf, dir das Vergnügen zu gönnen, dich in der Herrlichkeit deines Erfolgs zu sonnen. Wenn du dir einen Moment Zeit nimmst, um deine Erfolge zu feiern, wird sich dein Selbstwertgefühl heben, und du wirst dich unbesiegbar fühlen. Nutze dieses Gefühl, denn es wird einen Welleneffekt auslösen, der dich vorwärtstreibt. Aber verlasse dich nicht auf die Vergangenheit, um Erfolge in der Zukunft zu garantieren. Wie jeder Sieg ist auch dieser nur ein weiterer Schritt.

Die *Sechs der Stäbe* kann auch auf eine Gelegenheit hinweisen, zu einer inspirierenden Führungspersönlichkeit zu werden. Dein Erfolg wird dir nicht nur die Tür zur vollen Entfaltung deines Potenzials öffnen, sondern du wirst auch die Fähigkeit haben, andere auf ihrem Weg zu unterstützen. Wenn du dich selbst als jemanden begreifst, der zum Allgemeinwohl beiträgt, wirst du nicht nur anderen helfen oder sie inspirieren, ihre Ziele zu erreichen, sondern du wirst auch deinen Erfolg festigen. Vielleicht siehst du seine Karte so wie ich, als die König-Julian-Karte für diejenigen, die Kinder haben. Ja, ich meine diesen sehr extrovertierten und manchmal etwas aufgeblasenen Lemurenkönig aus dem Film *Madagaskar*.

Der Lemur ist ein sehr soziales Wesen und bietet eine Energie, die beweglich ist und Spaß mit sich bringt; diese madagassischen Baumbewohner verstehen den Wert der Gemeinschaft und wissen, wie man die einfachen Freuden des Lebens genießt. Rufe den Lemuren an, wenn du dich unwohl dabei fühlst, im Mittelpunkt der Aufmerksamkeit zu stehen oder Lob anzunehmen, denn er wird dir helfen, das Selbstvertrauen zu finden, deine Erfolge mit Stolz anzunehmen.

Lemur: Extrovertiert, verspielt, selbstbewusst, Gemeinschaft

SIEBEN DER STÄBE

In der *Sieben der Stäbe* geht es darum, seine Position zu halten, sich nicht unterkriegen zu lassen und keinen Zentimeter nachzugeben. Vielleicht fühlst du dich wie ein Alligator, nah am Erdboden, konkret und mit deinen Überzeugungen verbunden; nutze dies zu deinem Vorteil, wenn du jemandem begegnest, der deine Philosophie in Frage stellt.

Die *Sieben der Stäbe* kann auch auf diejenigen in deiner Umgebung hinweisen, die sich durch deine Position bedroht fühlen oder die das Bedürfnis haben, dich herauszufordern. Wenn du weißt, dass du im Recht bist, bleibe hartnäckig. Wenn du dich auf dich selbst verlässt, wirst du unerschütterlich sein. Andere um dich herum sind vielleicht nicht in der Lage, das ganze Bild von ihrem Standpunkt aus zu sehen, und werden im Nachteil sein, da du eine Situation aus einer besseren Perspektive betrachten kannst. Die *Sieben der Stäbe* kann auch auf eine Zeit hinweisen, in der du dich angegriffen fühlst, in der du das Gefühl hast, dass alle gegen dich strategisch vorgehen.

Rechtfertigst du dich übermäßig und bist deshalb jemand, der den Kampf sucht? Bleibst du am Ufer, obwohl es eigentlich besser wäre, ins Wasser zu gehen? Rufe den Geist des Alligators an, damit er dir hilft, dich mit Mutter Erde zu verbinden und dich zu erden. Dieses Tier weiß, wie man im und außerhalb des Wassers gedeiht, und kann dir helfen, das Gleichgewicht zwischen deinen Gefühlen und deinem logischen Verstand zu finden. Obwohl der Alligator ein schweres Tier ist, kann es uns auch lehren, auf dem Fluss des Lebens zu schwimmen.

Alligator: Geistige Stabilität, Erdung, Harmonie, Schärfe, Schöpfung, Neuanfang

ACHT DER STÄBE

Als ich über die Botschaft der *Acht der Stäbe* nachdachte, fiel mir ein, dass Vögel aus großer Höhe ihre Beute erkennen können. Ich dachte daran, wie sie sich einen erfolgreichen Ausgang vorstellen, bevor sie sich mit Rekordgeschwindigkeit auf die Erde stürzen, um ihre Mahlzeit zu erbeuten. Sie handeln, lassen jegliche Angst los und führen ihren Plan mit völliger Kontrolle aus. Die *Acht der Stäbe* ist eine Karte, mit der man sich den Erfolg vor Augen führen und mit der man schnell und unbestreitbar handeln kann, ohne innezuhalten oder an sich selbst zu zweifeln. Die Energie, die in dieser Karte steckt, ist lebendig, kann aber auch ein wenig unbeständig sein. Man muss sich schnell bewegen und Raum für Veränderungen lassen, man muss beweglich und flexibel sein, sonst verliert man den Schwung. So wie der Falke darauf vorbereitet ist, dass sich seine Beute bewegt, musst auch du vielleicht deinen Kurs anpassen. Um Reibungen oder Konflikte zu vermeiden, solltest du dein Bedürfnis nach einem starren Plan aufgeben und alle Erwartungen loslassen; auf diese Weise kannst du deine Pläne leicht anpassen oder verändern. Du wirst feststellen, dass sich Ideen und Situationen schnell entwickeln, wenn die *Acht der Stäbe* auftaucht – halte die Augen offen, denn du könntest wertvolle Informationen verpassen, wenn du so schnell vorpreschst.

Rufe den Falken an, wenn du dir einen Überblick über deine Situation verschaffen willst, denn dieser Vogel kann Möglichkeiten in einem weiten Bereich aufspüren. Du wirst nicht nur von der scharfen Sicht dieses Vogels profitieren, sondern auch von seiner Fähigkeit, den Wind zu beherrschen. Dies wird dir helfen, ein gleichmäßiges Tempo beizubehalten, ungeachtet der Hindernisse, die dich vom Kurs abbringen könnten. Der Falke ist auch ein Bote und kann dir wertvolle Nachrichten überbringen, die dir in einer schwierigen Situation zu helfen vermögen.

Falke: Kontrolle, Geduld, Präzision, Schnelligkeit, Anpassungsfähigkeit

NEUN DER STÄBE

Das Wort, das mir in den Sinn kommt, wenn ich die *Neun der Stäbe* sehe, sind *Grenzen*. Grenzen sind das Geheimnis, um sich durchzubeißen, die Ausdauer zu finden, um voranzukommen, und sich gegen diejenigen zu wehren, die einem Energie und Zeit rauben. Die *Neun der Stäbe* überbringt die Botschaft, dass du einen Schritt zurücktreten und eine Pause einlegen musst, da du sonst Gefahr läufst, dich zu verletzen oder deinen Fortschritt zu gefährden. Wenn die Arbeit fortgesetzt werden muss, musst du dir vielleicht Unterstützung holen oder Aufgaben delegieren. Möglicherweise musst du Richtlinien dafür aufstellen, wem du deine Zeit widmest. Erschöpfung ist vermeidbar, aber wenn du weitermachst, gehst du das Risiko ein, Fehler zu machen, und am Ende wird das nur noch mehr Arbeit verursachen.

Ich stelle fest, dass die *Neun der Stäbe* immer dann auftaucht, wenn ich mich zu sehr engagiere oder mir zu viel vornehme. Während dieser Zeit neige ich dazu, in meiner Kommunikation ‚stachelig' zu werden, und obwohl es nicht meine Absicht ist, Schaden anzurichten, passiert genau das, wenn ich mich überarbeite und erschöpft bin. Wenn die *Neun der Stäbe* erscheint, musst du vielleicht einen Schritt zurücktreten und dich fragen, ob du entweder scheitern willst oder eine gesunde Dosis Unmut akzeptierst. Grenzen zu setzen, wird dir helfen, bei der Sache zu bleiben und deine Beziehungen intakt zu halten. Versuchst du, es allen recht zu machen, oder machst du dir vielleicht Sorgen darüber, wie du von anderen wahrgenommen wirst, wenn du dir eine Auszeit nimmst? Es gibt keinen Grund, das Opfer oder den Wikinger zu spielen, denn beides wird dir nicht helfen, deine Zufriedenheit zu finden. Das Stachelschwein bringt die Fähigkeit mit sich, einen Schutzraum zu erschaffen, wenn sich eine Bedrohung nähert.

Rufe das Stachelschwein an, wenn du das Selbstvertrauen brauchst, um für deine Bedürfnisse einzustehen, und wenn du dich wohlfühlen willst, denn es wird eine Barriere zwischen dir und dem ermöglichen, was deinen Erfolg bedroht.

Stachelschwein: Grenzen, Sicherheit, Schutz, Demut

ZEHN DER STÄBE

Aus der Ferne schien eine Idee, wie du sie dir ohne Hindernisse oder Komplikationen ausgemalt hast, so einfach zu erreichen. Jetzt, wo du knietief in der Sache steckst, erweist sich die Aufgabe als viel schwieriger als erwartet. Mit dem Kampf kommt auch das Risiko, in Selbstzweifeln zu ertrinken, und die Leidenschaft und den Enthusiasmus für etwas zu verlieren, das einst so vielversprechend war.

Die *Zehn der Stäbe* bringt die Botschaft, dass du, wenn du erfolgreich sein willst, das Feuer in deinem Bauch neu entfachen musst, um durchzuhalten, da du eine Zeit des Kampfes erleben wirst, bevor du ein erfolgreiches Ende erreichst. Du könntest dies auch als ein Zeichen sehen, loszulassen und dich von der Last zu befreien, an einem Plan festzuhalten, da du vielleicht erkennst, dass der Kampf oder das Hindernis viel schwieriger ist, als es die Belohnung rechtfertigen würde. Die *Zehn der Stäbe* könnte auch auf eine Situation hindeuten, in der du die Person bist, die die Schwerstarbeit leistet, während andere um dich herum lediglich darauf warten, von deinen

Bemühungen zu profitieren. Wenn du versagst, bist du natürlich die Person, die die Sache wieder in Ordnung bringen muss.

Wenn du im Ballard-Viertel von Seattle wohnst und kleine Kinder hast, ist es fast schon obligatorisch, mit ihnen zur Fischtreppe an den Ballard Locks zu gehen, um den Lachsen auf ihrem Weg vom Pazifischen Ozean hinauf in den Lake Union zuzuschauen, der zu ihrem endgültigen Ziel, Lake Washington, führt. Ich dachte an die lange Reise des Lachses, als es an der Zeit war, die *Zehn der Stäbe* zu entwerfen, da dieser Fisch die Kraft der Beharrlichkeit in sich trägt. Rufe die Energie des Lachses an, wenn du Hilfe brauchst, um durch eine schwierige oder turbulente Situation zu steuern. Lass dir von seinem Geist helfen, die Zuversicht zu finden, jedes Hindernis mit dem Wissen zu überwinden, dass du die Kraft hast, höher zu klettern, länger zu schwimmen und ein Sinn und Ziel zu haben.

Lachs: Zielstrebigkeit, Entschlossenheit, Erneuerung, Richtung

BUBE DER STÄBE

Die Schlüsselwörter für den *Buben der Stäbe* sind kreativ, zuversichtlich und enthusiastisch. Als ich über diese Eigenschaften nachdachte, kam mir sofort der Laubenvogel in den Sinn. Dieser fantasievolle Vogel ist ein Künstler, ein Romantiker, und er hebt die tierische Kreativität auf eine ganz neue Ebene, da er richtige Kunstwerke schafft, um eine Partnerin zu verführen. Der Laubenvogel durchkämmt das Land auf der Suche nach leuchtenden, glitzernden und zueinander passenden Objekten, mit denen er den Eingang zu seinem Nest ästhetisch gestaltet. Wenn der *Bube der Stäbe* erscheint, wird deine gegenwärtige Situation davon profitieren, dass du ein wenig Enthusiasmus hervorzauberst und allem ein wenig Verve hinzufügst. Atme tief durch und appelliere an den Mut, den du in dir trägst, denn er ist bereit, eine Veränderung anzuregen. Sei begeistert, sei motiviert, denn es gibt keine Zeit zu verlieren – schlage jetzt zu, solange das Eisen heiß ist. Wenn du dich bisher zurückgehalten hast und auf ein universelles grünes Licht gewartet hast, das dir sagt, dass es in Ordnung ist, eine neue Idee oder Gelegenheit zu ergreifen, dann ist es jetzt soweit! Du bist in der Lage, eine Veränderung zu bewirken.

Der *Bube der Stäbe* bittet dich, deinem kreativen Geist in dieser Zeit zu erlauben, alle Möglichkeiten zu erforschen und dich auf die zu konzentrieren, die deine Leidenschaft wecken. Wenn du dir im Herzen sicher bist, dass du alles erreichen kannst, was du dir vornimmst, wirst du die Zuversicht finden, ein Risiko einzugehen, das zum Erfolg führen wird.

Wenn du Inspiration brauchst, suche die Energie des Laubenvogels, denn dieser jugendliche und leidenschaftliche Vogel wird dir helfen, die Ressourcen zu finden, die dir nicht nur Selbstvertrauen einflößen, sondern auch die von dir gewünschten Möglichkeiten anziehen. Dieser Vogel kümmert sich nicht um Kleinigkeiten; er geht mit einem Übermaß an Chuzpe hinaus, weil er weiß, dass er alles hat, was ein*e Partner*in sich nur wünschen kann – das ist die Geschichte, die er sich selbst erzählt, das ist das Selbstgespräch, das es ihm erlaubt, empfindsam genug zu sein, um herumzustolzieren, als wäre er ein König.

Laubenvogel: Kreativität, Leidenschaft, Jugendlichkeit, Begeisterung

RITTER DER STÄBE

Der *Ritter der Stäbe* ist abenteuerlustig, vielleicht sogar manchmal ein bisschen übertrieben; er ist kein Typ, der nur am Rande steht und darauf wartet, dass die Welt zu ihm kommt. Wenn der Ritter erscheint, ist die Zeit für schnelles, entschlossenes Handeln gekommen, und es gibt keine Zeit mehr für Verzögerungen. Die Energie, die diese Karte bietet, kann jedoch widersprüchlich sein. Wenn du Erfolg haben willst, musst du das perfekte Gleichgewicht zwischen Hartnäckigkeit und Arroganz finden – zwischen Draufgängertum und Tyrannentum. Es kann sein, dass du in einer Situation das Gefühl hast, dass du in zwei verschiedene Richtungen gezogen wirst. Es gibt eine charmante, leidenschaftliche Seite, die einen magnetischen Enthusiasmus erzeugt, der Unterstützung für eine Idee oder ein Ziel schafft.

Dann gibt es die arrogante, übermäßig ehrgeizige, ruhelose Seite, die Gefahr läuft, das einzureißen, was die charmante und leidenschaftliche Seite aufgebaut hat. Wenn der *Ritter der Stäbe* anwesend ist, kannst du dein eigener schlimmster Feind sein! Bist du zuversichtlich, was deine Pläne angeht, oder vermittelst du eine überhebliche oder eingebildete Ausstrahlung, die am Ende diejenigen abschreckt, deren Unterstützung du brauchst? Er wird dir die Sicherheit geben, „so zu tun, bis du es schaffst" und rät dir, dir ein Bild von der Person zu machen, die du werden willst. Sei kreativ! Sei mutig! Fühle tief in dich hinein und finde den Mut, die Rolle zu spielen, denn wenn du das tust, wird sich alles andere fügen. Wenn es dein Ziel ist, in deinem Job eine Führungspersönlichkeit zu werden, verhalte dich so, wie sich eine Führungspersönlichkeit verhält, die du bewunderst. Es geht vor allem darum, den Worten Taten folgen zu lassen.

Zum ersten Mal seit etwa 100 Jahren ist der Bärenmader wieder zum Mount Rainier zurückgekehrt. Bei weniger als 1.000 Bärenmadern in den 48 zusammenhängenden Bundesstaaten ist das ziemlich aufregend. Es bedeutet auch, dass es noch einige Gebiete gibt, in denen diese schönen Tiere leben können. Mit seinem dicken, dichten Körper hilft er dir, dein Gleichgewicht wiederzufinden und dich mit der nährenden Energie der Erde zu verbinden.

Bärenmader: Furchtlos, aggressiv, defensiv, kreativ, hartnäckig

KÖNIGIN DER STÄBE

Die *Königin der Stäbe* stolziert mit einer sexy-weiblichen, sprudelnden Energie umher, denn sie ist begierig darauf, in die Welt hinauszugehen und etwas Neues und Großartiges zu schaffen. Ihr Leben fühlt sich fast grenzenlos an! Obwohl sie oft fröhlich und optimistisch ist, sollte man ihre Unbekümmertheit nicht mit Schwäche oder mangelndem Ehrgeiz verwechseln, denn diese Königin weiß, was sie vom Leben will, und sie weiß, wie sie ihren Charme einsetzen kann, um es zu erreichen. Wenn du der *Königin der Stäbe* begegnest, wirst du aufgefordert, die Schuhe einer Führungspersönlichkeit anzuziehen, von jemandem, dessen bloße Anwesenheit den Raum beherrschen kann. Dies ist eine Person, deren unermüdlicher Elan ein Team mit Leidenschaft und Begeisterung zusammenbringt.

Es ist die *Königin der Stäbe,* die das Potenzial in jeder Person und Situation sieht und ein Händchen dafür hat, das Beste aus jedem herauszuholen. Wenn du diese Karte in der Hand hältst, frage dich, ob du deine Situation aus der Sicht der *Königin der Stäbe* betrachtest. Bist du in der Lage, das Gute oder das Potenzial zu finden, das nur darauf wartet, entdeckt zu werden? Konzentrierst du dich auf das, was funktioniert, und nicht auf die Mängel? Haben deine Gesundheit und dein Wohlbefinden Priorität? Wenn du eine Stärkung deines Selbstwertgefühls brauchst, wenn du dich mächtig und souverän fühlen musst, dann rufe die Löwin an, damit sie dir hilft, zu brüllen. Wenn du unsicher bist oder dich unwohl dabei fühlst, die Führung zu übernehmen, wenn du einen Energieschub brauchst, um ein Team zu führen, dann rufe die Löwin wegen ihrer Furchtlosigkeit und Leidenschaft an. Wenn du neben einer Löwin gehst, wirst du beschützt werden.

Der Rabe ist eine Anspielung auf mein erstes Deck, das *Raben-Tarot*. Hier übergibt dieser Vogel der Löwin den Zauberstab und damit die Kraft der Intuition, die Fähigkeit, durch den Schleier zu blicken und all die Möglichkeiten zu sehen, die die Zukunft bereithält.

Löwin: Leidenschaft, Befehl, Autorität, Königtum, Macht, Prestige

KÖNIG DER STÄBE

Wenn ich an den *König der Stäbe* denke, stelle ich mir einen älteren, kultivierten, vielleicht weltgewandten Herrn vor, der das Gleichgewicht zwischen Durchsetzungsvermögen und Aggressivität gemeistert hat. Er weiß, welche Karotten er vor einer Gruppe baumeln lassen muss, um sie anzuregen und zu begeistern. Er ist sich der Macht seiner Stimme bewusst und weiß, wie er seine Vision mit einem Sinn für Dramatik artikulieren kann, so dass alle, die in Hörweite sind, sofort fasziniert sind. Er ist elegant, kühn und unverblümt, aber gleichzeitig raffiniert und im Einklang mit dem Raum, in dem er sich befindet. Er weiß, wie er sein Charisma im richtigen Moment einsetzen kann, um zu erreichen, was er will. Wenn dir der König einen Besuch abstattet, wirst du aufgefordert, deine Kreativität zu nutzen und den oder die Unternehmer*in in dir hervorzubringen. Deine Situation wird davon profitieren, wenn du etwas mehr Flair in die Sache bringst, ja wenn du zusätzliche Schritte unternimmst, um dein Fachwissen unter Beweis zu stellen. Es ist an der Zeit, aufzustehen, deinen Anspruch geltend zu machen und kühn zu sein, denn wenn du der Welt deine Talente präsentierst, werden die einzigartigen Fähigkeiten, die du in die Situation einbringst – deine Originalität – belohnt werden.

Es ist nicht die Stärke des Löwengebrülls, die Aufmerksamkeit und Respekt verlangt, sondern die Emotion und die Vision dahinter. Nutze die Energie des Löwen, wenn es darum geht, eine souveräne Präsenz zu zeigen, wenn du einen kleinen Extra-Schub an Mut brauchst, um vor eine Menge zu treten. Niemand muss dem Löwen sagen, dass er der König der Savanne ist; er weiß es tief in seinem Innern, und wenn du seinen Geist anrufst, wirst auch du von seiner Kraft, seiner Gnade und seiner Leidenschaft für das Leben durchdrungen sein.

Löwe: Leidenschaft, Befehlsgewalt, Autorität, Königswürde, Macht, Prestige

Kelche

ASS DER KELCHE

Die Botschaft des *Asses der Kelche* besteht darin, die Welt von einem Ort liebevoller und göttlicher Energie aus zu sehen. Wenn du dein Herz öffnest und jeden Moment ohne Vorurteile erlebst, werden sich neue Möglichkeiten ergeben. Geh hinaus in die Natur, genieße die Schönheit, die dich umgibt, nicht als Zuschauer*in, sondern als Teilnehmer*in – als jemand, der zu ihrer Anmut beiträgt. Wenn du dich auf die Energie des *Asses der Kelche* einlässt, wird deine Intuition gestärkt und die Verbindung zu deinem höheren Selbst hergestellt. Hör auf, eine Situation zu sehr zu analysieren, und lass dich jetzt von deinen Gefühlen leiten. Wenn du das *Ass der Kelche* in deinen Händen hältst, wirst du die liebevolle Energie des Universums spüren. Suche nach Bereichen, in denen du dich mit einer neuen Person verbinden kannst, die dein Leben positiv beeinflussen wird. Diese Beziehung kann romantisch sein oder auch nicht, aber sie wird sich sicher und karmisch anfühlen. Wenn du dich von jemandem getrennt oder verletzt fühlst, suche nach Möglichkeiten, die Kanäle für Vergebung zu öffnen, denn das wird dir helfen, dich mit deinem inneren Gott oder deiner inneren Göttin zu verbinden.

Der Schwarzscheitel-Nachtreiher bringt Stille, Anmut und Leichtigkeit, mit der er sich durch die Natur bewegt. Es sind gesellige Vögel, die ihre Tage in großen Gemeinschaften hoch oben in den Bäumen und ihre Nächte allein in den Feuchtgebieten Nordamerikas auf der Jagd nach Nahrung verbringen. Er ist ein Wesen, das mit seiner Umgebung im Reinen ist und ohne Reibung oder Unbehagen zwischen Geselligkeit und Einsamkeit wechseln kann. Vertraue auf die Energie des Reihers, wenn du Geduld mit dir selbst und anderen brauchst, denn dieser Vogel wird dir helfen, mit dem Flow zu gehen.

Schwarzscheitel-Nachtreiher: Gelassenheit, göttliche Energie, Gleichgewicht, Ruhe

ZWEI DER KELCHE

Die Elefanten starren einander an, und mit absoluter Präzision und im Einklang miteinander füllen sie den Kelch des anderen. Die *Zwei der Kelche* bringt eine Verbundenheit, die aus der Einstimmung auf die Energie des anderen entsteht. Es ist diese Art von Beziehung, die sich einfach richtig anfühlt; sie bewegt sich auf Seelenebene und ist karmisch. Die *Zwei der Kelche* bringt eine Energie mit sich, die das Gefühl hinterlässt, dass man mit jemandem durch mehrere Leben gereist ist oder gemeinsam eine Leidenschaft für etwas hatte, die sich mit jeder Inkarnation weiterentwickelt hat. Das kann eine romantische Beziehung sein, aber auch eine starke Freundschaft oder sogar ein tiefes Verlangen nach einem bestimmten Hobby. Es ist diese Person oder Sache, die eine Leere in deiner Seele füllt.

Wenn die *Zwei der Kelche* in einer Deutung auftaucht, könnte es sein, dass du eine zufällige Begegnung mit jemandem hast, die dazu bestimmt ist, tiefer zu werden. Es könnte jemand sein, der sich sofort vertraut anfühlt. Vielleicht stehst du kurz davor, dich mit jemandem zusammenzutun, der dir helfen wird, deine Situation zu verbessern oder durch seinen Beitrag stabiler zu werden. Wenn deine Beziehung kompliziert ist, schlägt dir die *Zwei der Kelche* vor, nach gemeinsamen Interessen zu suchen, Ideen oder Werte zu finden, die ihr teilt – eure gemeinsamen Ziele werden euch helfen, alle Unterschiede zu überwinden. Es scheint nur passend für die *Zwei der Kelche* zu sein, dass sich das Energiezentrum des Elefanten in seinem Herzen befindet. Wenn du ein Gefühl der Zugehörigkeit, der Kameradschaft brauchst, kannst du diesen sanften Riesen anrufen, damit er dir hilft, dich mit deinem Herzzentrum zu verbinden. Der Elefant bringt Harmonie und emotionale Intelligenz in deine Situation. Lass dir von diesem großartigen Geist helfen, Mitgefühl für andere zu entwickeln, und erlaube seiner sanften Natur, deinen Geist zu erweichen. Wenn du dich mit dem Elefanten verbindest, öffnet sich dein Herz. Vorurteile und Meinungsverschiedenheiten lösen sich auf und machen Platz für neue Ideen und Beziehungen.

Elefanten: Herz-Zentrum, Beziehungen, Liebe, Harmonie, Weisheit

DREI DER KELCHE

Vor ein paar Jahren hatte ich Nachbarn, die an den Wochenenden aus der Stadt und in eine Hütte im Wald flüchteten. Eines Wochenendes vergaßen sie, die Hundetür zu verschließen, und eine Familie von Waschbären nutzte die günstige Gelegenheit! Als es an der Zeit war, die *Drei der Kelche* zu kreieren, wusste ich genau, wie ich vorgehen sollte, denn obwohl ich die Folgen nicht aus erster Hand miterlebt habe, haben diese Waschbären nach den Aussagen der Nachbarn eine ziemliche Party veranstaltet. Kannst du dir vorstellen, wie sich das für diese Waschbären angefühlt haben muss? Es muss für sie wie ein Lottogewinn gewesen sein.

Die *Drei der Kelche* zeigt, wie man sich fühlt, wenn man mit anderen eine Zeit großer Freude teilt. Es hat etwas Magisches, wenn man sich mit anderen zusammentut, um zu feiern oder einfach auf ein gemeinsames Ziel hinzuarbeiten, das mit Sicherheit ein großer Erfolg wird. Es gibt ein Gefühl der Gemeinschaft und Zugehörigkeit, das die Leidenschaft in dir am Brennen hält und dich weiter vorwärtsbringt. Wenn du der Energie der *Drei der Kelche* begegnest, wirst du davon profitieren, wenn du dich mit Menschen zusammentust, deren Gesellschaft du genießt. Hausarbeit oder Aufgaben machen mehr Spaß und sind produktiver, wenn du Freunde und Familie um Hilfe bittest. Natürlich ist die Arbeit immer viel angenehmer, wenn man es in einer Gruppe tut! Wenn du die *Drei der Kelche* erhältst, könnte eine Situation davon nutznießen, dass du um Hilfe bittest oder andere, die an deinem Erfolg interessiert sind, mit einbeziehst. Nutze deinen Enthusiasmus für ein Projekt, um diejenigen zu gewinnen, die wirklich an deinem Erfolg interessiert sind. Du wirst nicht nur ein eifriges Team gewinnen, das bereit ist, sich an die Arbeit zu machen, sondern du wirst auch feststellen, dass der Sieg selbst süßer sein wird. Als mythischer Verwandlungskünstler und jemand, der gerne Schabernack veranstaltet, kann es in deiner Situation von Vorteil sein, ein wenig zu tricksen, wenn du Freunde und Familie zur Mithilfe bei einer Aufgabe aufforderst. Aber keine Sorge, sie werden dir am Ende für eine großartige Zeit danken.

Waschbär: Flink, konzentriert, clever, Geschicklichkeit

VIER DER KELCHE

Im März 2020 gab es viele Nachrichten über das Schuppentier und seine mögliche Verbindung zum Coronavirus. Zugegebenermaßen wusste ich nicht viel über diese wirklich einzigartige und zurückgezogen lebende Kreatur, außer dass sie in einigen Gegenden der Welt wegen ihres Fleisches geschätzt wird. Um sich vor Wilderern zu verstecken, rollt sich das Schuppentier zu einem Ball zusammen. Leider lässt es sich auf diese Weise leichter fangen und transportieren. Dafür, dass es sich um ein so begehrtes Tier handelt, gibt es aber nicht viele Informationen, außer dass es eben für sein hartes, schuppiges Äußeres bekannt ist. Ein Äußeres, das die Wohlhabenden einst nutzten, um eine kampftaugliche Rüstung herzustellen.

Als es an der Zeit war, die *Vier der Kelche* zu schaffen, wusste ich trotz der begrenzten Informationen genau, wer zu dieser Energie passen würde. Wenn die *Vier der Kelche* erscheint, kann es sein, dass du es zulässt, dass dich deine Gefühle in eine defensive Position bringen. Aus Angst, deine Gefühle zu offenbaren oder dich verletzlich zu zeigen, neigst du vielleicht dazu, dich zusammenzurollen, in dich zu gehen und dich von anderen zu isolieren. In dieser Zeit konzentrierst du dich ausschließlich auf deine Bedürfnisse, deinen Wunsch, Unannehmlichkeiten zu vermeiden, deine Angst, bloßgestellt zu werden, und vielleicht ist es – ähnlich wie das Schuppentier – dein erster Instinkt, dich zu verstecken. Vielleicht sagst du dir, dass die Welt um dich herum warten kann, bis diese Emotionen abklingen. Wenn du diese Zeit zu deinem Vorteil nutzt, entdeckst du vielleicht eine neue Perspektive oder siehst deine Situation aus einem anderen Blickwinkel; wenn du diese Zeit jedoch nur nutzt, um der Realität zu entkommen, wirst du nur Stagnation erleben.

Vielleicht solltest du auch überlegen, ob du dich von deinen Emotionen verunsichern lässt, oder ob du dadurch eine wichtige Gelegenheit verpasst. Das Schuppentier bietet dir seine großen, schützenden Keratinschuppen an, um dir zu helfen, einen Raum zu schaffen, in dem du für dich sein kannst, einen Ort, an dem du in dich gehen und über deinen nächsten Schritt nachdenken kannst.

Schuppentier: Schutz, nach innen gehen, sich einrollen, introvertiert

FÜNF DER KELCHE

Die *Fünf der Kelche* kann auf eine bevorstehende Enttäuschung oder einen Verlust hinweisen, da sie die Botschaft enthält, dass die Gefühle, die mit Unglück verbunden sind, in der Dunkelheit auftauchen. Diese Karte kann auch auf einen früheren Rückschlag oder einen Verlust hinweisen, der derzeit Platz in deinem Herzen beansprucht. Infolgedessen bist du nicht in der Lage, weiterzugehen oder Raum für all das zu schaffen, was du im Leben zu schätzen weißt. Es kann sein, dass du in einem Zustand der Trauer feststeckst. Gib dir Zeit, deine Gefühle zu verarbeiten! Fühle die Wut, fühle die Verzweiflung, lass der Traurigkeit ihren Platz. Die *Fünf der Kelche* bittet dich, den Verlust zu akzeptieren und den Schmerz und das Leid, das du in dir spürst, anzuerkennen. Aber damit das Gleichgewicht wiederhergestellt werden kann, musst du das loslassen, was nicht mehr repariert werden kann. Das Festhalten an der Vergangenheit hilft dir nicht, vorwärtszukommen; es wird nur noch mehr Leid verursachen.

Der Anblick eines Totenkopfschwärmers ist beeindruckend und kann beängstigend sein! Diese wandernde Motte ist ein Symbol für das Unheil, das auf uns zukommt, und quälte einst den geistig labilen König Georg III., als zwei davon in seinem Schlafzimmer auftauchten. Diejenigen, die *Das Schweigen der Lämmer* gesehen haben, werden diese Motte aus dem Film wiedererkennen. Obwohl sie nicht im Geringsten bösartig ist, hat sie den Ruf, ein schlechtes Omen zu sein.

Der Totenkopfschwärmer wird, wie alle Motten, vom Licht angezogen; nutze diesen Instinkt, um das Gute in anderen zu finden oder als eine Inspirationsquelle, die deinen Tag zu erhellen vermag. Als weniger auffälliger Verwandter des Schmetterlings kann sich der Nachtfalter anpassen und sich tarnen. Rufe diese Energie herbei, wenn du mit Menschen zu tun hast, die dir in deiner Situation weniger wohlgesonnen sind, denn sie hilft dir, das Gefühl zu vermeiden, angegriffen zu werden.

Totenkopf-Falkenmotte: Mysterium, Verlust, Transformation, Tarnung

SECHS DER KELCHE

Erinnerst du dich an die Tage, an denen du aufgewacht bist und deine einzige Aufgabe darin bestand, zu spielen? Für viele von uns scheint das ein ganzes Leben her zu sein! Das Leben war einfach, es war sorglos – es machte Spaß. Jeder Tag bot neue und aufregende Möglichkeiten für Vergnügungen. Wenn es Zeit war, schlafen zu gehen, gehörte dies zu den einfachsten Freuden des Lebens, die einem das Gefühl gaben, umsorgt und zufrieden zu sein. Dies ist die Energie der *Sechs der Kelche*; es ist das Gefühl der kindlichen Unschuld. Wenn ich für mich selbst die Karten lege und diese Karte auftaucht, weiß ich, dass ich das Leben ein wenig zu ernst genommen habe und dass es an der Zeit ist, mit meiner Tochter nach draußen zu gehen und ein wenig herumzutollen. Abgesehen von der Qualität der Zeit, die man miteinander verbringt, kann eine Stunde Spiel zu mehreren Stunden produktiver Arbeit führen, die ich ohne eine Pause nicht gehabt hätte.

Es ist schwer, sich nicht in einem glücklichen Zustand zu befinden, wenn man draußen spielt, und genau in diesem Zustand öffnet man den

Kanal für positive Begegnungen und neue Ideen. Wenn du die *Sechs der Kelche* ziehst, könnte deine Situation davon profitieren, dass du dein Inneres Kind zum Spielen aufforderst. Je nach Situation musst du aber auch überlegen, ob du nicht Verantwortung übernimmst oder die Unschuldige spielst, um Schuldgefühle zu vermeiden.

Die übermütigen jungen Elefanten sind glücklich und recken ihre Rüssel in die Luft, als ob ihnen alles andere egal wäre. Sie konzentrieren ihre Energie auf das einfache Vergnügen, im Wasser zu sein. Elefanten haben diese herausragende, natürliche, fröhliche Qualität an sich und drücken ihre Freude aus, wenn sie spielen. Wenn du dich dabei unwohlfühlst, loszulassen, oder wenn du spürst, dass die Lasten und Verantwortlichkeiten des Erwachsenenlebens deine positive Energie aufzehren, rufe den Elefanten an. Dieses weise Tier wird dir helfen, die perfekte Balance zwischen Arbeit und Spiel zu finden. Die mächtige Kraft des Elefanten in Körper und Geist wird dir helfen, Hindernisse zu überwinden, die dich davon abhalten, die einfachen Freuden des Lebens zu genießen.

Elefanten: Herz-Zentrum, Beziehungen, Liebe, Harmonie, Weisheit

SIEBEN DER KELCHE

Es gibt einen schmalen Grat zwischen einem großen Traum und darin, sich in einer Fantasie zu verlieren. Die *Sieben der Kelche* bittet darum, dass du deinem Geist den Raum gibst, ohne Einschränkungen zwischen den Sternen zu wandern; du musst dir jedoch bewusst bleiben, wo du stehst. Wenn wir große Träume haben, erweitert sich unser kreativer Geist und lässt mehr Möglichkeiten zu. Der Unterschied zwischen dem Träumen und dem Leben in einer Fantasiewelt ist jedoch das Handeln.

Wenn du Schritte unternimmst, um einen Traum zum Leben zu erwecken, verwandelt er sich in ein Ziel, etwas sehr viel Mächtigeres, und du erhöhst deine Chancen, es zu verwirklichen. Die *Sieben der Kelche* kann auf eine Situation hindeuten, in der du durch deine Unfähigkeit, dir etwas Außergewöhnliches vorzustellen, eingeschränkt bist. Vielleicht hast du das Gefühl, dass es unmöglich zu erreichen ist, und als Folge davon entsteht eine Einschränkung. Wenn du dir selbst erlaubst, dich großer Ereignisse oder Wünsche würdig zu fühlen, werden deine Möglichkeiten nur durch deine Vorstellungskraft begrenzt. Die *Sieben der Kelche* könnte jedoch darauf hinweisen, dass du zu viel Zeit mit Tagträumen darüber verbringst, anstatt dich auf den gegenwärtigen Moment zu konzentrieren. Wenn du nichts tust, kommst du deinem Ziel nicht näher.

Wenn es an der Zeit ist, dein Potenzial zu steigern und Fülle zu manifestieren, hilft dir die Energie des Hasen, zu schöpfen! Der Hase bringt Fruchtbarkeit in deine Situation und die Fähigkeit, neue Möglichkeiten zu erschaffen. In Geschichten dient der Hase oft als Führer, der zu großen Abenteuern führt! Rufe den Hasen, wenn du dich in einem Feld von Möglichkeiten verloren fühlst oder unsicher bist, welchen Weg du einschlagen sollst, denn er wird dir die Richtung zeigen, die zu den besten Ergebnissen führen wird.

Hase: Reichtum, Fortpflanzung, Offenheit, Kreativität, Glück

ACHT DER KELCHE

Die *Acht der Kelche* bringt Gefühle an die Oberfläche, die dadurch entstehen, dass du deinen derzeitigen Zustand im Leben untersuchst und feststellst, dass dir etwas fehlt. Mit der Energie der *Acht der Kelche* geht eine gewisse Leere einher. Eine Leere, die darauf wartet, gefüllt zu werden. Vielleicht bemerkst du, dass du in deiner aktuellen Situation nicht mehr enthusiastisch bist.

Diese Karte ist keine Schwarzmalerei, ganz im Gegenteil, sie bietet einen Ausblick auf eine hellere Zukunft mit besseren Möglichkeiten, die in der Ferne auf dich warten. Wenn du diese Karte ziehst, weißt du vielleicht schon, dass es da draußen eine größere Chance gibt, aber du musst vielleicht etwas aufgeben, das dich herausfordert, um dich vorwärtszubewegen. Für mich ist die Energie der *Acht der Kelche* eine, die entsteht, wenn man einen Schulabschluss macht oder sich von einer Situation entfernt, über die man hinausgewachsen ist. Es gibt einen Teil von dir, der sich nicht verändern will, weil deine jetzige Situation so vertraut und bequem geworden ist; es ist einfach, aber am Ende weißt du, dass die Zeit gekommen ist, Abschied zu nehmen und einen neuen Weg einzuschlagen. Vielleicht liebst du einen Job, den du seit Jahren ausübst, ohne befördert worden zu sein. Du hast vielleicht eine Bindung zu deinen Kollegen aufgebaut, aber wenn die Möglichkeiten für ein Weiterkommen gering sind und dich das Gefühl, das dank der *Acht der Kelche* auftaucht, zwischen Vorfreude und Angst schwanken lässt, dann weißt du, dass eine Veränderung nötig ist.

Die mächtigen Kiefer des Tigers können so ziemlich alles zermalmen, doch gleichzeitig ist er sanft genug, damit der Tiger seine Jungen tragen kann. Nutze die Kraft des Tigers, um deine Zukunft herauszufordern und gleichzeitig die Kontrolle über deine Gefühle zu behalten. Wenn du den Tiger anrufst, wirst du liebenswürdig sein, aber dennoch fest zu deinen Entscheidungen stehen. Tiger haben eine königliche, anmutige Qualität; sie sind wahre Führer*innen und besitzen eine Stärke, die Respekt erfordert. Nutze diese Energie, wenn du deine Zukunftspläne mit anderen kommunizieren musst, und du wirst feststellen, dass die Unterstützung, die du genossen hast, auch bei dir bleibt, wenn du vorwärtsgehst.

Tiger: Stärke, Adel, Emotionen

NEUN DER KELCHE

Die Wunsch-Karte. Die *Neun der Kelche* ist die Erlaubnis, sich zurückzulehnen und das Leben zu genießen! Beobachte, was du erreicht hast. Spürst du ein Gefühl von Stolz? Nimm dir einen Moment Zeit, um deine Federn auszubreiten und der Welt zu zeigen, wie großartig du bist! Sei nicht schüchtern; du hast hart gearbeitet und bist jetzt in einer Position, in der du dich vollkommen und total zufrieden fühlst. Nimm dir einen Moment Zeit, um durchzuatmen und die Belohnung für all die harte Arbeit, die du investiert hast, zu genießen! Es wird die Zeit kommen, sich wieder an die Arbeit zu machen. Doch jetzt erlaube dir, etwas von der Fülle und dem Reichtum zu genießen, den du geschaffen hast. Die *Neun der Kelche* bittet dich, dich tief in das Gefühl hineinzuversetzen, das sich einstellt, wenn man einen Wunsch erfüllt bekommt.

Der Pfau kann sein Aussehen dramatisch verändern, indem er sein Federnkleid öffnet, und dadurch verändert sich auch unsere Wahrnehmung des Vogels. Er wird augenblicklich auffälliger, lebendiger und beeindruckender. Die Energie des Pfaus hilft dir, deine auffällige Seite zu zeigen, den Teil von dir, der Leidenschaft ausstrahlt und selbstbewusst ist. Wenn eine Situation eine Stärkung des Selbstbewusstseins und Gefühle des Stolzes erfordert, rufe den Pfau an. Diese Energie ist besonders nützlich zum Beispiel bei einem Vorstellungsgespräch, wenn du vor anderen mit deinem Erfolg prahlen oder ihn ausdrücken musst. Wenn du zeigen musst, dass du es verdienst, die Aufmerksamkeit aller Augen im Raum zu haben, wird diese Energie dein Leuchten zur Schau stellen, und die anderen werden es bemerken.

Pfau: Selbstbewusstsein, Stolz, Leidenschaft, Sinnlichkeit

ZEHN DER KELCHE

Die *Zehn der Kelche* bringt Gefühle von Glück und Lebenszufriedenheit mit sich. Es ist eine Energie, die aus den einfachen Freuden entsteht, in Harmonie mit den Menschen in deiner Gemeinschaft und der Natur zu sein. Die *Zehn der Kelche* kann darauf hinweisen, dass eine problematische Situation zu Ende geht und eine friedliche Zeit in deinem Leben anbricht. Momente des Stresses oder des Kampfes werden durch Gefühle des Optimismus und der Glückseligkeit ersetzt. Wenn du dich auf die Energie der *Zehn der Kelche* einlässt, wird es dir leichtfallen, eine emotionale Verbindung zu den Menschen in deiner Umgebung herzustellen, die du schätzt. Wenn du einen Konflikt oder eine schwierige Situation erlebst, so spüre die Energie der *Zehn der Kelche*.

Du wirst auf natürliche Weise eine Brücke zwischen den Differenzen schlagen, so dass eine gemeinsame Basis gefunden werden kann. Wenn du die emotionale Stärke findest, einen Olivenzweig zu reichen, wird das nachhaltige positive Auswirkungen haben. Richte deine Energie auf die Gemeinsamkeiten und nicht auf die Unterschiede, die euch voneinander trennen. Die Botschaft der *Zehn der Kelche* ist, dass wir alle davon profitieren, wenn wir zusammenarbeiten, um eine Atmosphäre zu schaffen, die Frieden und Harmonie fördert. Die Waldtiere kommen für die *Zehn der Kelche* zusammen, da sie eine Gemeinschaft sind, die ihre einzigartigen Talente und Ressourcen einbringen, um sich gegenseitig zu unterstützen.

Waldtiere: Gemeinschaft, Verbundenheit, Wachstum

BUBE DER KELCHE

Wenn es ein Wort gibt, das die Energie des *Buben der Kelche* und des Wasserschweins miteinander verbindet, dann ist es *lieben*. Die Kraft, die du in deinen Händen hältst, wenn du den *Buben der Kelche* ziehst, ist eine, die dir helfen wird, das Gute in anderen zu finden. Sie wird dir helfen, zerbrochene Beziehungen zu reparieren und romantische Bande zu knüpfen. Wenn du es mit einer schwierigen Situation zu tun hast oder mit jemandem, der recht ‚herausfordernd' ist (um es mal höflich auszudrücken), bist du am besten damit bedient, wenn du einen sanfteren, behutsameren Ansatz wählst, wenn der *Bube der Kelche* erscheint. Vertraue auf deine Intuition, bekomme ein Gefühl für die Energie, mit der du es zu tun hast, und arbeite daran, Reibungen abzubauen, anstatt sie weiter zu fördern. Wenn du dem *Buben der Kelche* begegnest, erwarte, dass die Inspiration von unerwarteter Seite kommt, denn diese lockert unsere Vorurteile und öffnet unsere Herzen. Die Person, die du gestern abgelehnt hast, könnte sich als wertvolle Informationsquelle erweisen, die dir hilft, ein Hindernis zu überwinden.

Bevor ich mit der Illustration für den *Buben der Kelche* begann, recherchierte ich freundliche Tiere, und das Wasserschwein stand ganz oben auf der Liste der freundlichsten Kreaturen des Planeten! Es ist außerdem das größte Nagetier der Welt und kann bis zu 150 Pfund wiegen! Diese halb-aquatischen und geselligen Kreaturen besitzen eine Gelassenheit, die daher rührt, dass sie sich überall wohlfühlen; die Welt ist ihr Spielplatz. Andere Tiere in der Umgebung machen sich das gutmütige Wasserschwein zunutze und springen auf seinen Rücken, um kostenlos über Flüsse und Bäche zu reiten.

Da das Wasserschwein an der Küste lebt und seine Zeit zwischen dem Fluss und dem Land aufteilt, vereint es die Elemente Wasser und Erde in sich, und ist damit ein Tier, das emotional empfindsam für die Bedürfnisse anderer ist und gleichzeitig geerdet und selbstbewusst in seiner Position bleibt. Wenn du dich aus dem Gleichgewicht gebracht oder von deinem Seelenzentrum getrennt fühlst, rufe das Wasserschwein an, denn diese liebevolle Energie wird dich leiten und dir helfen, deinen Weg durch überschwemmte Gefühle zu finden.

Wasserschwein: Freundlich, mitfühlend, gütig

RITTER DER KELCHE

Der *Ritter der Kelche* ist ein Charmeur, und die Person oder Situation, die diese Energie in sich trägt, hat die Macht, die perfekte Ablenkung zu schaffen, wenn ein emotionaler Auftrieb nötig ist. Alles scheint magisch zu werden, wenn du dein Herz für den *Ritter der Kelche* öffnest, denn Gefühle wie Schmetterlinge im Bauch und der Vorfreude erzeugen eine Frequenz, die Romantik und neue Verbindungen anzieht. Liebe liegt in der Luft! Wie alle Ritter ist auch der *Ritter der Kelche* ein komplizierter Geselle. In der einen Minute spricht er leidenschaftlich über etwas Interessantes, und in der nächsten Minute ist er allein und grübelt. Das Ziel dieses Ritters ist es, ein Gleichgewicht zu finden, frei mit dem Herzen zu sein und offen für neue Erfahrungen, ohne irrational oder temperamentvoll zu sein.

Es kann sein, dass du etwas emotionaler oder sensibler wirst, und deshalb musst du dich fragen, wie sich diese Energie auf deine Situation auswirkt. Bist du leidenschaftlich oder zwanghaft? Nimmst du die Dinge ernst oder bist du übermäßig sensibel? Wenn der *Ritter der Kelche* auftaucht, solltest du überlegen, ob es für deine Situation von Vorteil wäre, jemanden mit kreativem Flair zu suchen, jemanden mit der Fähigkeit, einen Raum zu verzaubern. Beachte, dass der *Ritter der Kelche* der Auftrieb sein kann, den du im Moment brauchst; diese Energie ist weder allzu stabil noch dient sie häufig als Grundlage für Erfolg. Wenn du von jemandem mit der Energie des *Ritters der Kelche* unterstützt wirst, sei dankbar für seinen Beitrag, aber sei dir bewusst, dass du die Arbeit am Ende selbst erbringen musst. Die Liebe beginnt im Inneren.

Der schöne und fast engelsgleiche Schwan verleiht dem *Ritter der Kelche* Anmut und Gelassenheit. Wenn du ihn anrufst, wird er dir helfen, unbeständige Situationen zu mildern, die durch Amok laufende Emotionen entstehen können. Nutze die Lichtenergie des Schwans, wenn du eine aufgeheizte Situation neutralisieren musst, um den Frieden wiederherzustellen, oder wenn du mit jemandem in Kontakt treten musst, der emotional verschlossen ist.

Schwan: Liebe, Anmut, Bindung

KÖNIGIN DER KELCHE

Wenn die *Königin der Kelche* in Erscheinung tritt, schafft sie in einer Situation eine Energie, die Einigkeit und Übereinstimmung fördert. Sie verbindet sich augenblicklich mit der Schwingung, die einen Raum erfüllt, und spürt intensiv die Emotionen der anderen. Deren Glück ist ihr Glück, deren Schmerz ist ihr Schmerz. Ihre Einsicht in die Gefühle anderer schafft Empathie und ermöglicht es ihr, ihr Herz für diejenigen zu öffnen, die sie am meisten brauchen. Wie eine fürsorgliche Mutter schenkt sie Trost und Verständnis. Sie weiß, wann sie reden muss und wann es am besten ist, einfach nur eine Schulter zum Ausweinen zu bieten.

Wenn die *Königin der Kelche* anwesend ist, wird sich deine Situation verbessern oder davon profitieren, dass du Liebe ausdrückst und dich auf die Gefühle deiner Mitmenschen einlässt. Es ist an der Zeit, in die Fußstapfen dieser sanften Königin zu treten und persönliche Wünsche beiseitezuschieben und sich darauf zu konzentrieren, wie sich die Menschen um dich herum fühlen; dies wird Harmonie schaffen und eine positive Veränderung fördern.

Die *Königin der Kelche* ist eine Energie, die ihre Kraft nach außen sendet, anstatt sie nach innen zu ziehen. Die Königin konzentriert ihre Bemühungen zuerst auf die Heilung anderer, denn sie weiß, dass sie mehr als genug emotionale Kraft hat, um sie zu teilen. Tauche tief darin ein und spüre den Rhythmus des Wassers um dich herum. Kannst du seine Schwingung spüren? Die Energie des Orcas konzentriert sich darauf, Frieden in der Familie zu schaffen, und mit denen, die dir am nächsten sind, in Einklang zu stehen. Wenn du dich mit dem Orca verbindest, wirst du die Kraft finden, andere zu trösten und gleichzeitig unsinkbar zu bleiben. Wenn du anderen deine Zeit und Energie schenkst, wird sich deine Lebenskraft nicht erschöpfen, denn der Orca ist anwesend und sorgt dafür, dass die Heilung, die du gibst, in einem Kreislauf nach außen fließt, während sie im Inneren wiederhergestellt wird.

Orca: Tiefe Gefühle, Familie, Verbindung, Intuition

KÖNIG DER KELCHE

Der *König der Kelche* weiß, dass es schwieriger ist, die Fische zu finden und zu essen, wenn das Wasser unruhig ist und der Sand vom Grund aufgewirbelt wird. Wenn das Wasser ruhig ist, dann wird er schmausen.

Die Energie des *Königs der Kelche* ist tolerant gegenüber Unterschieden und bietet allen, denen er begegnet, einen warmen, mitfühlenden Empfang. Es ist seine Energie, die eine beruhigende Atmosphäre schafft, da er seine Aufmerksamkeit auf die Förderung harmonischer Beziehungen richtet. Wenn der König anwesend ist, wirst du davon profitieren, dass du Diplomatie und Kompromisse gegenüber Konflikten und Aggressionen bevorzugst.

Der *König der Kelche* bittet dich, in die Rolle einer*s Vermittler*in zu schlüpfen, der oder die sich aufrichtig um diejenigen kümmert, die nach Weisheit suchen. Wenn du dich in einer Situation befindest, in der alle zerstritten sind und die Kommunikation nicht mehr funktioniert, wird der *König der Kelche* dir helfen, die Einsicht und das Mitgefühl zu finden, um den Konflikt zu entschärfen. Wenn du deine Intuition und emotionale Intelligenz einsetzt, um Lösungen zu finden, die Meinungsverschiedenheiten verringern und den Diskurs beruhigen, wirst du als Führungspersönlichkeit anerkannt, die sich darum kümmert, dass alle Parteien davon profitieren.

Rufe den Orca, wenn du dich über das Drama erheben musst. Wenn du dich in eine Situation begeben musst, die ein tiefes Verständnis aller beteiligten Positionen erfordert, und dabei noch in der Lage sein musst, zu atmen, wird dir der Orca helfen. Dieser edle und verspielte König des Ozeans versteht es, selbst die unruhigsten emotionalen Wellen zu durchbrechen und dir die Einsicht zu vermitteln, die deine Energie auf ein friedliches Ergebnis lenken wird.

Orca: Tiefe Gefühle, Familie, Verbindung, Intuition

SCHWERTER

ASS DER SCHWERTER

Das Leben wird eine unerwartete Wendung nehmen. Wenn die Energie des *Asses der Schwerter* vorhanden ist, wirst du die Klarheit haben, ein Hindernis zu sehen, das auftaucht. Du wirst wissen, dass du für eine Herausforderung planen musst. Das *Ass der Schwerter* fordert dich auf, die Wahrheit hinter deinen Umständen herauszufinden. Nutze deinen logischen Verstand, um die Antworten zu finden. Wenn du deine Situation objektiv betrachtest, wirst du deine Rolle besser verstehen, und infolgedessen wirst du in der Lage sein, mit rascher Entschlossenheit zu handeln, um jeden Konflikt zu lösen. Dies ist eine Herausforderung, die du mit Vorbereitung und Engagement gewinnen wirst.

Wenn das *Ass der Schwerter* erscheint, wird deine Situation von ein wenig Ehrlichkeit profitieren. Es mag nicht einfach sein, aber du wirst feststellen, dass diejenigen, die deine Sache unterstützen können, dir zuhören werden, wenn du deine Wahrheit aussprichst. Öffne dich der Energie des *Asses der Schwerter,* wenn du deine Bedürfnisse klar artikulieren, dich mit Bestimmtheit ausdrücken und von einem Ort der Integrität aus handeln musst. Das *Ass der Schwerter* bringt eine Warnung: Achte auf Illusionen, die sich als Antworten tarnen, denn sie können deine Sicht vernebeln. Du wirst davon profitieren, wenn du eine Kombination aus Logik und Intuition einsetzt. Die Superkraft der Fledermaus ist die Fähigkeit, mit Präzision und Anmut durch die dunkelsten Lüfte zu fliegen. Rufe die Energie der Fledermaus herbei, wenn du durch Momente der Dunkelheit navigieren musst, wenn du einen klaren Weg zum Erfolg einschlagen willst.

Wenn du dich mit der Fledermaus verbindest, stimmst du dich auf deine Intuition ein, spürst die Schwingungen um dich herum und triffst auf natürliche Weise schnelle und klare Entscheidungen. Die Fledermaus bietet Anmut und Flexibilität und wird dich leiten, wenn du kurzfristig den Kurs ändern musst oder wenn von dir erwartet wird, dass du höher fliegst als erwartet. Die Fledermaus ist ein Symbol dafür, sich selbst treu zu bleiben, das eigene Leben zu leben und nicht andere zu imitieren, wenn dein Leben einen Sprung nach vorne macht.

Fledermaus: Magisch, intuitiv, ruhig, spirituell, Erfolg, Wohlstand

ZWEI DER SCHWERTER

Der arme Frosch sitzt auf zwei Schwertern fest, die aus dem Wasser ragen. Wenn du ihn fragst, wird er dir natürlich sagen, dass alles in Ordnung ist und er nur herumhängt. Aber in Wirklichkeit kann er kein Land sehen, und der Nebel, der über dem Wasser schwebt, lässt nur trübe Schatten von möglichen Bedrohungen erkennen. Der Frosch hat Todesangst.

Die Energie der *Zwei der Schwerter* steht für Unentschlossenheit, für das Vermeiden von Unannehmlichkeiten, weil man nicht genügend Informationen hat, um eine Entscheidung zu treffen. Die Angst, sich zu verletzen oder den falschen Schritt zu tun, bildet eine Barriere, die einen daran hindert, voranzukommen. Die *Zwei der Schwerter* könnte darauf hindeuten, dass du genau weißt, was zu tun ist, dass du aber gefühlsmäßig noch nicht bereit bist, die Wahrheit anzuerkennen. Infolgedessen bist du geistig nicht in der Lage, mit der Verantwortung umzugehen. Es kann sein, dass du dich bewusst dafür entscheidest, im Dunkeln zu verbleiben, wenn andere um dich herum die Informationen besitzen, die von dir verlangen würden, Maßnahmen zu ergreifen, die zum Verlust einer bequemen Position führen. Unwissenheit kann ein Segen sein, aber selten bringt sie eine Situation voran. Der Frosch steht für Wohlstand und neues Leben. Er ist ein Meister der Verwandlung und hat sich aus dem Schlamm in den klaren Nachthimmel erhoben.

Rufe den Frosch an, wenn Ereignisse von dir verlangen, einen beängstigenden Sprung zu machen oder dich aus deiner Komfortzone herauszuführen. Wenn du dich mit dieser Energie verbindest, wirst du nicht nur die Vorteile des Wandels genießen, sondern auch eine Transformation in dir auslösen, die die Türen für neue und glückliche Möglichkeiten öffnet.

Frosch: Wachstum, Gleichgewicht, Wohlstand, Transformation, Glück

DREI DER SCHWERTER

Die *Drei der Schwerter* hat eine Schwere, die keine der anderen Karten besitzt. Kannst du die tiefe, dunkle Vibration spüren? Diese Energie kommt daher, dass man sich betrogen fühlt, dass man weiß, dass das eigene Vertrauen missbraucht wurde, dass man sich schmerzlich bewusst ist, dass man nicht der oder die Siegende, sondern eher das Opfer ist. Es ist die Energie, die entsteht, wenn man herausfindet, dass der oder die Ehepartner*in einen jahrelang betrogen hat, oder dass ein*e Geschäftspartner*in die Bücher gefälscht hat und man jetzt auf dem Trockenen sitzt. Diese Karte taucht immer dann auf, wenn es in einer Gruppe oder Partnerschaft zu einem Vertrauensbruch kommt. Sie deutet vielleicht nicht auf ein Ende hin, aber sie steht für ein wachsendes Problem, das gelöst werden muss, um die Beziehung zu kitten. Wenn die *Drei der Schwerter* erscheint, musst du vielleicht auf schmerzhafte Weise ehrlich zu dir selbst sein und einen Bereich in deinem Leben anerkennen, von dem du weißt, dass er nicht richtig ist.

Ich suche immer nach etwas Positivem, auch in der *Drei der Schwerter,* und wenn es eine gute Sache gibt, die man über diese Karte sagen kann, dann ist es, dass von dem Moment an, in dem man dieser Energie über den Weg läuft, der Prozess der Heilung beginnen kann. Wenn man weiß, woran man ist, wenn man nicht mehr im Dunkeln tappt und nicht mehr für dumm verkauft wird, dann befreit das absolut. Als ich über die Schwere der Energie der *Drei der Schwerter* nachdachte und darüber, wie sie sich in einem Deck voller schöner Geschöpfe verhalten würde, kam mir sofort die Wilderei von Elefantenstoßzähnen in den Sinn, die bis heute anhält. Ich dachte an die Bindung zwischen Menschen und Elefanten und wie gierig und grausam ein Mensch sein muss, um dieses Vertrauen zu brechen. Die Energie der Elefanten ist geerdet und darauf ausgerichtet, eine unerschütterliche Familienbande aufzubauen; darin liegt seine Stärke. Wenn dein Herz schmerzt, wenn du dich betrogen fühlst, rufe den Elefanten an, damit er dir hilft, dich mit deiner Familie zu verbinden, damit du liebevolle Unterstützung findest, die dein gebrochenes Herz schützt und heilt.

Elefanten: Herz-Zentrum, Beziehungen, Liebe, Harmonie, Weisheit

VIER DER SCHWERTER

Nach der emotional belastenden *Drei der Schwerter* musste ich für die *Vier der Schwerter* eine Kreatur finden, die ein wenig aufmunternder und lustiger ist, und der niedliche kleine Igel passte genau ins Bild.

Wenn die *Vier der Schwerter* auftaucht, kann es von Vorteil sein, einen Schritt zurückzutreten und sich einen Raum fernab von Ablenkungen zu suchen, um in Ruhe zu kontemplieren. Möglicherweise erlebst du eine Flut von Anregungen, die von den Menschen in deiner Umgebung kommen, die eine bestimmte Absicht verfolgen oder dir unaufgefordert Ratschläge erteilen. Doch so hilfreich die Menschen in deiner Umgebung auch sein mögen, so wirst du in dieser Zeit feststellen, dass die Lösung, die du brauchst, in dir selbst liegt. Suche dir einen friedlichen Ort fernab von jeglichem Geplauder und höre auf deine innere Stimme. Deine Intuition, die Weisheit, die du in dir trägst, wird dir den besten Weg weisen. Die *Vier der Schwerter* bittet dich, der Selbstfürsorge Priorität einzuräumen, und deinen Geist und deinen Körper auszuruhen. Indem du dir Grenzen setzt und einen gewissen persönlichen Freiraum einforderst, befreist du dich von den emotionalen Ansprüchen anderer und kannst deine wertvolle Energie darauf konzentrieren, einen Plan für Wachstum und Erfolg zu entwerfen und auszuführen.

Igel wissen, wie wichtig es ist, sich die dringend benötigte Ruhe zu gönnen, und in freier Wildbahn halten sie in den Wintermonaten Winterschlaf. Dieses weiche, pelzige Wesen ist immer da, wenn du etwas Verwöhnung brauchst, wenn du dich einpacken und der modernen Welt entfliehen möchtest. Die göttliche, weibliche Energie des Igels schafft einen Raum der Wärme und des Schutzes, während sie dein Bedürfnis nach Ruhe unterstützt. Wenn du mit dem Igel arbeitest, hilft er dir, dich gegen Zeiträuber und Gefühlsvampire zu wehren. Rufe den Igel, wenn es darum geht, respektvolle, aber nicht destruktive Grenzen für Beziehungen zu schaffen.

Igel: Überleben, nach innen gehen, Grenzen, Ruhe

FÜNF DER SCHWERTER

Die *Fünf der Schwerter* zeigt an, dass du dich in einer von drei Positionen befindest. Die erste ist die eines Rohlings, einer Person, die etwas sieht, das sie haben will, und es sich einfach nimmt, ohne die Auswirkungen des eigenen Handelns auf andere zu bedenken. Vielleicht hast du durch weniger ehrenhafte Taktiken Gewinne erzielt; aber sei gewarnt, dass jeder Sieg hohl sein wird und dein Ruf beschädigt ist. Die zweite Position ist die einer*s Ermöglichenden oder Mitwissenden. Vielleicht hast du in irgendeiner Weise von den unehrenhaften Handlungen eines anderen profitiert. Möglicherweise hast du das nicht selbst gemacht, aber du hast eine gewisse Entlohnung dafür erhalten. Auch wenn du nicht direkt beteiligt warst, wirst du durch deine Untätigkeit geschwächt, da andere deinen Mangel an Integrität erkennen werden.

Die letzte Position ist die des Opfers oder Leidtragende*n als Folge der Handlungen einer egoistischen Person. Dein Wohlergehen, deine Meinung oder deine Bedürfnisse standen nie zur Debatte; sie wurden nicht einmal in Betracht gezogen. Und doch bist du derjenige, der negativ betroffen ist.

Die *Fünf der Schwerter* fordert dich auf, deine Rolle in dieser Situation anzuerkennen. Sobald du deinen Beitrag und deine Rolle erkannt hast, wirst du wissen, was zu tun ist.

Die Geschichte des Hirsches auf der *Fünf der Schwerter* ist nicht ungewöhnlich. Das Land wird mit Bulldozern bearbeitet, Bäume werden gefällt und Gebäude errichtet. All dies geschieht, ohne dass die Tiere, die von den Entscheidungen der Unternehmer*innen und Bauherren betroffen sind, wirklich in Betracht gezogen werden. Oder schlimmer noch, sie werden absichtlich außer Acht gelassen.

Wenn du dich von der Energie der *Fünf der Schwerter* umgeben fühlst, solltest du den Hirsch um Unterstützung bitten, denn dieses Tier wird dir helfen, das Selbstvertrauen zu finden, deine Situation direkt anzugehen. Um zu überleben, nutzen Hirsche ihre Fähigkeit, Schwingungen zu spüren und ihrem Instinkt zu folgen. Wenn du die Kraft des Hirsches nutzt, wirst du ein Gefühl dafür bekommen, was richtig und was falsch ist, und deine Intuition wird dich zu innerem Frieden führen.

Hirsch: Intuition, Vertrauen, Schutz

SECHS DER SCHWERTER

Die *Sechs der Schwerter* bringt eine Energie mit sich, die leicht entmutigt ist. Es ist die Energie, die an kalten, grauen Sonntagnachmittagen in den Wintermonaten vorhanden ist, wenn ich mich frage, warum ich nach Seattle gezogen bin und nicht an einen sonnigeren Ort. Es ist nichts wirklich Schlimmes geschehen, aber es gibt auch nicht viel Aufregendes – so oder so, das Leben geht weiter und es ist nicht schrecklich. Eine Situation, die sich nicht so entwickelt hat, wie du es gehofft hattest, kann Momente des Bedauerns auslösen, aber mit der Akzeptanz wird die Vergangenheit verschwinden, und ein neues Abenteuer wird sich entfalten. Die *Sechs der Schwerter* bittet darum, den Gefühlen mit niedrigen Schwingungen Raum und Zeit zu geben, um an die Oberfläche zu kommen, damit du eine klare Vision für einen positiveren Weg gewinnen kannst.

Du wirst vielleicht keine große Begeisterung verspüren, aber zumindest bewegst du dich in die richtige Richtung. Wenn du mit in einem langsameren Tempo in Frieden sein willst, wenn du dich vor negativen Selbstgesprächen oder äußeren Einflüssen, die deine Ausdauer gefährden, geschützt fühlen willst, rufe die Schildkröte an.

Ein Lebewesen, das auf den Wellen reiten und den Strömungen über Tausende von Kilometern folgen kann, weiß ein oder zwei Dinge über Geduld und das Loslassen des Bedürfnisses nach Geschwindigkeit. Die Schildkröte bittet dich, diese Zeit zu nutzen, um eine Perspektive zu gewinnen und nicht durch das Leben zu hetzen; andernfalls könntest du einige entscheidende Momente verpassen.

Schildkröte: Ausdauer, Richtung, Schutz, Geduld

SIEBEN DER SCHWERTER

Die *Sieben der Schwerter* deutet an, dass eine Situation deine Ehre und Integrität auf die Probe stellen könnte. Wenn du versucht bist, die Einsichten und die Weisheit der Menschen um dich herum zu ignorieren, könnte das dazu führen, dass du als arrogant und eigennützig wahrgenommen wirst. Achte auf deine Selbstgespräche, wenn du die *Sieben der Schwerter* ziehst. Bist du überzeugt, dass du die*der Einzige bist, der über die Fähigkeiten oder das Wissen verfügt, um in einer Situation erfolgreich zu sein? Auch wenn deine Bemühungen nicht von Egoismus motiviert sind, wirst du am Ende vielleicht nicht so viele Dankesworte erhalten, wie du erwartet hast. Die *Sieben der Schwerter* bringt die Energie der Einsamkeit und Unabhängigkeit mit sich – und des Alleingangs.

Diese Energie ist nicht immer negativ, sondern kann, wenn sie richtig eingesetzt wird, auch nützlich sein. Wenn du zum Beispiel mit Menschen zusammenarbeitest, die desinteressiert und ineffektiv sind, wirst du das Selbstvertrauen haben, voranzukommen, ohne dich um die Gefühle der anderen, die nachlässig sind, zu sorgen. Sei dir bewusst, dass die *Sieben der Schwerter* eine Atmosphäre unterstützt, in der Verantwortlichkeit leicht zu verbergen ist.

Wenn du oder jemand anderes alle Einzelheiten allein und ohne Aufsicht regelt, besteht die Möglichkeit, dass du betrügst oder unerkannt die Abkürzungen nimmst. Der schwarze Panther, der in Amerika beheimatet ist, lebt wie andere Jaguare ein einsames Leben an der Spitze der Nahrungskette. Die einzige Bedrohung für diese schönen und mächtigen Kreaturen ist der Mensch. Rufe die Energie des Panthers herbei, wenn du die Rolle einer Führungspersönlichkeit ausfüllen musst, die sich Respekt verschafft, denn sie wird dir helfen, deine Integrität und Ehrlichkeit zu bewahren. Wenn du dich einer schwierigen Situation stellen musst, vor deren Konsequenzen du dich fürchtest, wird der furchtlose Panther dich über dieses Hindernis hinwegführen, denn er wird dir den Weg zu Ehre und Würde zeigen.

Panther: Unabhängigkeit, Stolz, Stärke, Intuition, Überleben

ACHT DER SCHWERTER

Für die *Acht der Schwerter* wollte ich einen anderen Ansatz wählen als das traditionelle Tarot von Waite & Smith (und meiner früheren Decks), und mich auf das Gefühl der Machtlosigkeit und der Verwirrung aus einer Ich-Perspektive konzentrieren. Die Person, die die Karte hält, ist in einem Loch gefangen, blickt nach oben und ist unbeweglich. Obwohl es nicht die erste Karte war, die ich für dieses Deck entworfen habe, ist es die erste, mit der ich mich vor über einem Jahr beschäftigt habe. Mir gefiel die Idee, die Kartenleger*innen selbst in das Deck zu integrieren.

Wenn die *Acht der Schwerter* erscheint, macht sie uns auf einen Bereich in unserem Leben aufmerksam, in dem wir uns machtlos oder gefangen fühlen. Es kann sich um eine Beziehung handeln, in der man nur deshalb bleibt, weil es zu aufwendig ist, allein loszuziehen. Dies ist eine Zeit, in der man sich in der Schwebe fühlt, unfähig, sich zu bewegen, und gleichzeitig unfähig, herauszufinden, was man als Nächstes tun soll, da die Optionen nicht ohne Weiteres verfügbar sind. Die *Acht der Schwerter* deutet darauf hin, dass du dich vielleicht in ein Loch hineingegraben hast und nun die Klarheit finden musst, um wieder herauszukommen. Vielleicht fällt dir auf, dass die Optionen, die du einst hattest, nicht mehr verfügbar sind. Wenn du zum Beispiel einfach deshalb in einem Job geblieben bist, um dadurch deine Rechnungen zu bezahlen, in der Hoffnung, später deinen Traumjob zu bekommen, könnte diese Option schnell schwinden, da du nicht mehr als geeignete*r Kandidat*in für die Stelle wahrgenommen wirst.

Über dir kreisen drei Eulen, und obwohl sie bedrohlich erscheinen mögen, sind sie da, um dir zu helfen, deine innere Weisheit zu entdecken, dich beschützt zu fühlen und eine andere Perspektive zu gewinnen. In uns liegen alle Antworten auf die Geheimnisse der Welt. Rufe die Eule an, damit sie dir hilft, Vertrauen in deine Weisheit zu haben. Du hast die Macht, vorwärtszugehen und die Lösungen zu finden, die Einschränkungen lindern und Glück schaffen. Die Eule wird dir helfen, Vertrauen in dein inneres Wissen aufzubauen, um die Fülle der Möglichkeiten zu sehen, wo du früher keine gesehen hast.

Eule: Weisheit, Schutz, Autorität, Bewusstsein, Führung

NEUN DER SCHWERTER

Als Elternteil habe ich die Energie der *Neun der Schwerter* aus erster Hand kennengelernt. Die Energie der *Neun der Schwerter* scheint in der Luft zu verweilen und nur auf den richtigen Moment zu warten, um zuzuschlagen. Es ist eine Kraft, die Furcht und Angst schürt; es ist die Energie, die frischgebackene Eltern dazu veranlasst, ihrem Neugeborenen in der Nacht einen Spiegel unter die Nase zu halten, um sicherzustellen, dass es noch atmet. Als ich die *Neun der Schwerter* kreierte, dachte ich darüber nach, wie wir uns selbst und unsere Handlungen hinterfragen, nicht weil wir uns um unsere eigenen Bedürfnisse sorgen, sondern um die Bedürfnisse derer, die wir lieben. Haben wir alles richtig gemacht? Hätten die Dinge besser laufen können, wenn wir eine andere Entscheidung getroffen hätten?

Ich stellte mir eine Eisbärenmutter vor, die auf eine schmelzende Landschaft mit braunem Himmel blickt, der durch die Umweltverschmutzung entstanden ist, und sich fragt, ob es einen besseren Ort gibt, an den sie mit ihrem Kind ziehen kann. Dies bringt eine Kombination aus Schuldgefühlen und Sorgen mit sich, die lähmend sein können. Wenn die *Neun der Schwerter* erscheint, solltest du darüber nachdenken, ob du dir so viele Sorgen machst, dass du unangemessene Ängste auslöst. Machst du dir zu viele Gedanken über eine Situation und verursachst dir unnötigen Stress?

Obwohl dies nicht meine Lieblingskarte ist, wenn sie bei einer Deutung auftaucht, erfüllt sie doch einen wertvollen Zweck, da sie Bereiche beleuchtet, in denen wir uns scheinbar selbst im Weg stehen, in denen wir uns so sehr über etwas ärgern, dass wir das Problem, das wir gerne vermeiden würden, sogar anziehen. Die Energie des Bären ist eine Energie, die uns hilft, einen guten Schlaf zu finden, da sie in unserem Geist Trost schafft und uns vor negativen oder ängstlichen Gedanken schützt. Das Fell des Eisbären ist nicht weiß, sondern eher transparent und reflektiert das Licht. Seine schwarze Haut absorbiert die Energie der Sonne. Rufe den Eisbären an, wenn du inneres Mitgefühl und Geduld brauchst, denn er wird dir helfen, dich mit der liebevollen Berührung von Mutter Erde verbunden zu fühlen.

Bär: Ruhe, Erneuerung, Führung, innerer Friede

ZEHN DER SCHWERTER

Die Energie der *Zehn der Schwerter* bringt eine Atmosphäre mit sich, die ein Gefühl in dir hervorruft, das daher rührt, dass du angegriffen wurdest. Vielleicht hast du das Gefühl, dass jemand versucht, dich zu verdrängen oder dir deine rechtmäßige Position streitig zu machen, so dass du dich in einem Zustand der Opferrolle befindest. Die *Zehn der Schwerter* könnte auf ein Ereignis in der nahen Zukunft hinweisen, bei dem du unter der Hand von jemandem leiden wirst, der deine Schwäche zu seinem Vorteil nutzt, um seine eigene Position zu stärken.

Obwohl diese Karte von vielen nicht gerne gesehen wird, kann sie uns die Augen öffnen und uns erlauben, über unsere Rolle in der Situation nachzudenken. Sind wir wirklich die Person, die beiseitegeschoben wird, oder spielen wir die Rolle des Märtyrers? Ertappst du dich dabei, dass du den Wünschen anderer nachgibst, nur um dich dann zu beschweren, dass deine Bedürfnisse immer an zweiter Stelle stehen? Wenn es eine Sache gibt, die man über die *Zehn der Schwerter* sagen kann, dann ist es die, dass, wenn man einmal den

Tiefpunkt erreicht hat, wenn einmal die Tat vollbracht ist, dann ist es vorbei, und es liegt alles in der Vergangenheit. Jede Wiederholung des Schreckens wird nicht durch die Hand des Täters verursacht, sondern durch deine eigene.

Die gelbe Grasmücke ist oft das Opfer des imposanten Kuhstärlings, der eine Gelegenheit sieht, die Aufgabe der Elternschaft abzugeben. Im Laufe der Zeit hat die Grasmücke gelernt, eine Barriere aus Gras zwischen den Eiern der Kuhstärlings und ihren eigenen Eiern zu errichten, um sicherzustellen, dass der Kuhstärling nicht schlüpft. Die Lektion, die wir von der Grasmücke lernen können, ist, wie wir mit denen umgehen, die unsere Gutmütigkeit ausnutzen wollen. Dieser Vogel beherrscht die Kunst, Grenzen zu ziehen!

Grasmücke: Fortschritt, Pflege, Ideen, Expansion

BUBE DER SCHWERTER

Für die *Buben der Schwerter* habe ich auf Anregung eines Kunden das Schwarzfußfrettchen gewählt. Dieses niedliche Tier ist auch eines der am meisten gefährdeten und galt einst als ausgestorben! Der *Bube der Schwerter* steht für Tapferkeit, und ich denke, es zeugt von großer Tapferkeit, wenn man sich vom Aussterben erholt! Der *Bube der Schwerter* hat das Herz eines Aktivisten, da Leidenschaft, Überzeugung und die Suche nach der Wahrheit aufeinandertreffen.

Wenn diese Karte erscheint, kann sie eine Situation signalisieren, in der du dich einer Schwierigkeit stellen oder deine Komfortzone verlassen musst. Die Energie des *Buben der Schwerter* schafft Prüfungen oder Lektionen, die das Wachstum anregen. In Verbindung mit der Energie des Schwertes geht es bei dieser Prüfung um Überzeugungen, um deine Fähigkeit, eine Situation klar zu sehen, und/oder um deine Fähigkeit, denen, die über die Macht verfügen, die Wahrheit ins Gesicht zu sagen. Diese Hürde mag manchmal überwältigend erscheinen; wenn du jedoch die mentale Stärke besitzt, Erfolg zu haben, wird die

Weisheit, die du aus dieser Erfahrung gewinnst, eine ganz neue Welt von Möglichkeiten schaffen. Der *Bube der Schwerter* steht für jugendliche Energie und kann auch darauf hinweisen, dass du zwar leidenschaftlich für eine Sache kämpfst, an die du glaubst, dass aber auch das Risiko besteht, als unreif oder mit einem kindlichen Idealismus wahrgenommen zu werden.

Das Frettchen bringt eine spielerische Qualität mit sich und ist für seine neugierige Natur bekannt. Rufe das Frettchen an, wenn du andere für dich gewinnen willst, denn dieses neugierige Wesen wird dir die Energie für deine Nachforschungen liefern. Wenn du dich auf das Frettchen einlässt, wirst du feststellen, dass die Auseinandersetzung mit anderen dir wichtige Informationen liefert, denn du wirst feststellen, dass die Fragen und Antworten, die deine Probleme lösen werden, direkt in deinen Kopf kommen.

Schwarzfüßiges Frettchen: Neugierde, Verspieltheit, Einfallsreichtum

RITTER DER SCHWERTER

Okay, nimm dir einen Moment Zeit, um das Lied aus deinem Kopf zu bekommen. Ooohhh Barrakuda!

Bist du jemals einer Person begegnet, die blitzgescheit ist, die die komplexesten Themen innerhalb weniger Minuten erfassen kann und der es gleichzeitig an jeglichem Sinn für Demut oder Mitgefühl zu fehlen scheint? Dies ist eine Person, die sich vielleicht nicht bewusst ist, wie rechthaberisch sie wirkt oder wie scharf ihre Worte sind. Wenn sich jemand auf die Fakten und nur auf die Fakten konzentriert, bleiben soziale Aspekte auf der Strecke. Taktgefühl ist, gelinde gesagt, nicht deren Stärke. Wenn du eine Situation begreifen oder einen Vertrag verstehen musst, wird dir die Energie der Schwerter helfen, den Nebel im Kopf zu durchbrechen. Diese Energie wird es auch viel einfacher machen, entschlossen und zuversichtlich in deiner Entscheidung zu sein, weil du weißt, dass es schließlich die logischste Wahl ist. Wenn du allerdings zu viel Zeit mit dem *Ritter der Schwerter* verbringst, werden sich andere von dir angegriffen fühlen, da deine sozialen Fähigkeiten als mangelhaft angesehen werden. Wenn du in ein Gerichtsverfahren gehen musst und deine Strategie bisher von deinen Gefühlen bestimmt wurde, ist es an der Zeit, wenn der *Ritter der Schwerter* auftaucht, deine Gefühle beiseitezulassen und dich nur auf die Fakten zu konzentrieren.

Der Barrakuda ist rücksichtslos, verstohlen und schnell. Er durchschneidet das Wasser mit Präzision und Klarheit, während er seine Beute verfolgt. Rufe den Barrakuda, wenn du dich kraftvoll und scharfsinnig fühlen willst. Der Barrakuda ist auch ein Meister der Geduld und wird dir helfen, deinen Geist zu beruhigen, während du auf den perfekten Moment zum Zuschlagen wartest.

Barrakuda: Scharf, geduldig, konzentriert, Tarnung

KÖNIGIN DER SCHWERTER

Die *Königin der Schwerter* erhebt sich und schafft eine Barriere zwischen sich und all dem Lärm, der ihr Urteilsvermögen trüben könnte. Von diesem erhabenen Ort der Klarheit aus versteht sie ihre Rolle und die Rollen, die andere für ein Ergebnis spielen. Ihr Witz ist eine ihrer größten Stärken. Sie hat die unheimliche Fähigkeit, die Stimmung mit Humor aufzulockern, ohne die Ernsthaftigkeit des Augenblicks zu schmälern, wenn die Situation angespannt oder, schlimmer noch, peinlich wird. Wenn du in die Rolle der *Königin der Schwerter* schlüpfst, wirst du die Fähigkeit entdecken, eine Situation schnell einschätzen zu können, denn ihr Einfluss wird dir helfen, überflüssige Informationen, die zu Unentschlossenheit führen könnten, auszublenden.

Wenn du der *Königin der Schwerter* begegnest, wirst du gebeten, deine Situation von einem Ort der Ehrlichkeit aus zu untersuchen – nicht was du hoffst, was passiert, sondern was tatsächlich passiert. Bist du dir selbst und anderen gegenüber ehrlich? Stehst du aufrecht und selbstbewusst, so wie die Königin stehen würde, und hast du den

Mut, deine Meinung zu sagen, weil du weißt, dass andere deine Integrität respektieren werden? Wenn du die Rolle der *Königin der Schwerter* übernimmst, wirst du die Welt frei von Illusionen sehen, und diejenigen um dich herum, die versuchen, dich auszutricksen oder zu täuschen, werden schnell aufgespürt und zur Rede gestellt.

Stütze dich auf diese Energie, wenn du dich mit anderen auseinandersetzen musst, die vielleicht nicht ganz ehrlich sind, denn du wirst ihr Spiel schnell durchschauen, so dass du die*der Gewinner*in bist. Das Energiezentrum der Eule ist die Krone. Halte deinen Kopf hoch und wisse, dass du von einem intelligenten und intuitiven Krafttier geführt wirst. Rufe die Weisheit der Eule an, damit sie dir hilft, deine Situation aus einem anderen Blickwinkel und aus einer Entfernung zu sehen, die dir einen klaren Blick auf die gesamte Landschaft bietet, nicht nur auf einen kleinen Teil.

Eule: Weisheit, Schutz, Autorität, Gewahrsein, Führung

KÖNIG DER SCHWERTER

Der *König der Schwerter* besitzt alles, was man von einer Führungspersönlichkeit erwartet. Er ist analytisch und gerecht und gibt allen Parteien den nötigen Raum, um ihre Argumente vorzubringen. Wenn er spricht, ist der König wortgewandt und kommuniziert bewusst mit einem breiten Publikum, um sicherzustellen, dass seine Botschaft verstanden wird. Er setzt sich leidenschaftlich für Fairness und Gleichheit ein und lässt seine persönliche Meinung aus dem Entscheidungsprozess heraus.

Wenn der *König der Schwerter* in einem Reading auftaucht, könnte es für dich von Vorteil sein, dich an den König zu halten, indem du dir Zeit nimmst, alle Fakten zu recherchieren, bevor du eine endgültige Entscheidung triffst. Wenn du in einem Team arbeitest, lass anderen Raum, ihre Argumente vorzubringen, bevor du eine Entscheidung fällst oder deine Meinung kundtust. Lässt du deine Emotionen deine Entscheidung beeinflussen oder bleibst du unparteiisch? Ermutigst du andere, einen höheren Standard anzustreben, indem du dein eigenes hohes Maß an Integrität demonstrierst?

Wie die *Königin der Schwerter* gibt dir auch der Eulenkönig einen mächtigen Tierführer an die Hand. Rufe die Eule an, wenn du reinen Tisch machen und unparteiisch sein willst. Die Eule bewahrt dich davor, deinen Gefühlen oder denen anderer nachzugeben, was dazu führen kann, dass du aus Angst vor Vergeltung eine Seite bevorzugst und dich nicht an Fakten hältst.

Eule: Weisheit, Schutz, Autorität, Gewahrsein, Führung

MÜNZEN

ASS DER MÜNZEN

Du legst heute den Samen für langfristige Ziele, die mit der Zeit erblühen werden. Lausche deiner Intuition, denn sie wird dich leiten und in die richtige Richtung lenken. Das *Ass der Münzen* erinnert dich daran, dass kleine, zielgerichtete Aktionen, die du heute unternimmst, in der Zukunft zu etwas Fruchtbarem führen werden. Habe Geduld; es dauert seine Zeit, bis die Saat aufgeht. Du befindest dich in der Anfangsphase eines Transformationsprozesses, und es wird ein Prozess sein und kein Glücksfall, der sich über Nacht einstellt. Bleib aber auf das Ziel konzentriert, und es wird Früchte tragen.

Wenn das *Ass der Münzen* auftaucht, werde ich innerlich ganz aufgeregt, weil ich weiß, dass es da draußen Möglichkeiten und das Potenzial gibt, etwas Wundervolles in diese Welt zu bringen. Im Grunde muss ich nur mit der Arbeit beginnen. Es ist ein unglaubliches Gefühl, zu wissen, dass man die Macht hat, etwas zu erschaffen, etwas, das man sich wünscht, in die Tat umzusetzen. Nutze die Energie, die du bekommst, wenn du diese Karte hältst, um dir praktische Schritte auszudenken, die dich auf den Weg zum Erfolg führen.

Die kraftvolle und intuitive Eule wird dir helfen, die Möglichkeiten zu erkennen, die du bisher vielleicht nicht bemerkt oder unterschätzt hast. Nutze diese Energie, um Licht in eine Situation zu bringen, was dazu führt, das ganze Bild zu sehen. Nicht nur das zu erkennen, was jetzt vorhanden ist, sondern auch das, was dir in der Zukunft zur Verfügung stehen wird.

Eule: Weisheit, Schutz, Autorität, Bewusstsein, Führung

ZWEI DER MÜNZEN

Du hast deine erste Handvoll Aufgaben bereits um zehn Uhr morgens erledigt, du kommst mit relativer Leichtigkeit durch den Tag, trotz des vollen Kalenders und der scheinbar immer länger werdenden Aufgabenliste; dennoch hast du irgendwie einen Weg gefunden, fröhlich zu bleiben. Dies ist die Energie der *Zwei der Münzen*. Ich kann dir sagen, dass es Tage gibt, an denen mich die Energie der *Zwei der Münzen* davor bewahrt hat, nicht nur einen oder zwei sprichwörtliche Bälle herunterfallen zu lassen, sondern wirklich alles!

Wenn du diese Karte in einem Reading siehst, könnte deine Situation etwas mehr Flexibilität und eine gesunde Dosis inneren Mitgefühls erfordern, um das Leben im Gleichgewicht zu halten.

Der Delfin ist ein natürlicher Beschützer und dafür bekannt, dass er ins Wasser gefallene Seeleute rettet (vielleicht auch eine Metapher für diejenigen, die zu tief in ihre Emotionen fallen?). Rufe diesen nährenden Beschützer des Meeres an, damit er dir hilft, deine Kraft wiederzuerlangen. Diese liebevollen und neugierigen Tiere bringen eine Mischung aus Mitgefühl und Logik in deine

Situation und werden dir helfen, einen Weg zu finden, der dich sanft durch jeden schwierigen Tag führt.

Delfin: Spiel, durchs Leben schwimmen, Begeisterung

DREI DER MÜNZEN

Ein Wolf bleibt ein Wolf, und wie wir alle braucht er Nahrung, um zu überleben – seit ich es das letzte Mal geprüft habe, sind mir noch keine Geschichten über vegane Wölfe begegnet. Die Wölfe sind Teil der *Drei der Münzen*, um eine Geschichte über Teamwork und das Zusammenspiel mit anderen zu erzählen, wenn man ein gemeinsames Ziel verfolgt. Jedes Mitglied des Rudels hat eine Rolle zu spielen, und jedes Mitglied ist genauso wichtig wie das andere. Ein Anführer sorgt für die Planung, aber nur mit der Unterstützung der anderen kann die Gruppe etwas erreichen.

Die *Drei der Münzen* bittet dich, deine Möglichkeiten zu prüfen und zu überlegen, welche Ressourcen dir zur Verfügung stehen, um deinen Erfolg zu unterstützen. Jetzt ist nicht die Zeit, ohne Ideen hineinzurennen und auf das Beste zu hoffen; nein, jetzt ist es an der Zeit, jeden Schritt zu berechnen, ein Team von fähigen Partner*innen zusammenzustellen und deine Energie auf die Ausführung eines fehlerfreien Plans zu konzentrieren. Rufe die Führung des Wolfes an, wenn du den Mitgliedern deines Rudels vertrauen musst.

Aufgaben zu delegieren kann schwierig sein, und die Kontrolle loszulassen kann geradezu beängstigend sein, aber du kannst dich beschützt fühlen, wenn der Wolf die Führung übernimmt.

Nutze den Wolf, um dich mit deiner Intuition zu verbinden, damit du deinen Instinkten vertrauen kannst. Wenn du im Geiste des Wolfes wandelst, gehst du im Gleichgewicht und mit Zuversicht voran, und nicht mehr im Überlebensmodus. Deine Anmut und Leichtigkeit kommen aus innerer Stärke.

Wolf: Familie, Verlässlichkeit, Hoffnung, Teamwork, Vertrauen

Hirsch: Intuition, Vertrauen, Schutz

VIER DER MÜNZEN

Als es an der Zeit war, ein Bild für die *Vier der Münzen* zu entwerfen, dachte ich an den flinken Fuchs, der seine Beweglichkeit verliert, wenn er von der Angst zerfressen ist, die flinken Kaninchen, die er am frühen Abend gefangen hat, nicht in Schach halten zu können. Bei dem Versuch, die Kaninchen zu behalten, schränkt er auch sich selbst ein. Wenn die *Vier der Münzen* erscheint, musst du vielleicht untersuchen, wie sich dein Bedürfnis nach Kontrolle auf eine Situation auswirkt. Hältst du so sehr an etwas fest, dass es keinen Raum mehr für Wachstum gibt? Ein Beispiel dafür könnte jemand sein, der Aufgaben bei der Arbeit nicht loslassen kann, der nicht bereit ist, die Kontrolle an eine*n Mitarbeiter*in abzugeben. Dies kann letztendlich zur Stagnation oder verminderter Produktivität führen. Die Frage, die du dir stellen solltest, ist, ob du tatsächlich sparst oder investierst. Das eine führt zum Wachstum, das andere nicht.

Das Kaninchen bringt Fülle, also nutze diese Energie, aber schränke sie nicht ein, sondern lass ihr freien Lauf. Lass den Fuchs tun, was er am besten kann: flink und clever sein. Wenn du den Fuchs und den Hasen in Harmonie einsetzt, wirst du über die nötigen Fähigkeiten verfügen, um einen positiven Wandel herbeizuführen und damit eine reiche Ernte einzufahren.

Kaninchen: Fülle, Fortpflanzung, Offenheit, Kreativität, Glück

Fuchs: Klugheit, Lebendigkeit, Magie, Gestaltwandeln

FÜNF DER MÜNZEN

In einer Welt, in der Unterstützung im Überfluss vorhanden sein sollte, in der die Mächtigen anderen helfen sollten, sich zu entfalten, aber stattdessen den Weg versperren, zeigt die *Fünf der Münzen* eine Zeit an, in der man sich eher als Beute denn als Raubtier fühlt. Die Raupe wünscht sich nichts sehnlicher, als ihre Bestimmung zu erfüllen und sich in einen Zustand der Metamorphose zu begeben; doch der Weg wird von einer Eule versperrt, dem Symbol der Weisheit, der Autorität und der Macht.

Vielleicht erlebst du gerade eine schwierige Zeit, in der dir die Ressourcen fehlen, die zum Gedeihen nötig sind. Diese Energie führt schnell zu einer Abwärtsspirale, wenn sie unkontrolliert bleibt, eine Abwärtsspirale, in der du dich wie ein*e Ausgestoßene*r oder als nicht akzeptiert fühlst. Es mag mit dem Verlust des Arbeitsplatzes oder des Einkommens beginnen, dann mit der Unfähigkeit, sich um die Gesundheit zu kümmern; bald häufen sich die Probleme. Einen Weg zurückzufinden, ist schwierig, aber nicht unmöglich, denn wie alles im Leben geht auch dies vorüber. Normalerweise ist diese Karte eine Warnung, ein Signal, dass du dich in einen Bereich begibst, der zu einer Reihe von unglücklichen Ereignissen führen kann. Achte darauf, wie sich Rückschläge auf dein Leben auswirken. Bist du geduldig mit dir selbst? Siehst du die Chance, an den Erfahrungen zu wachsen? Bist du in der Lage, über deine aktuellen Probleme hinauszublicken?

Rufe die Raupe an, wenn du Vertrauen in den Prozess und die Geduld brauchst, den Ereignissen, die dein Leben verändern, Zeit und Raum zu geben, sich zu entfalten. Bei der Raupe geht es darum, Veränderungen anzunehmen; wenn sie nicht die Angst vor der Metamorphose ablegen würde, würde sie nie den Nervenkitzel des Fliegens erleben.

Raupe: Verwandlung, Wachstum, Geduld, Glaube

Eule: Weisheit, Schutz, Autorität, Bewusstsein, Führung

SECHS DER MÜNZEN

Die Geschichte der *Sechs der Münzen* für dieses Deck ist die einer angenommenen symbiotischen Beziehung; obwohl der Madenhacker viel kleiner ist als der Wasserbüffel, nimmt er mehr in Anspruch, als ursprünglich ausgehandelt worden war. Der Madenhacker nutzt den Wasserbüffel wegen der Zecken, die sich im Fleisch des Tieres festsetzen. Im Gegenzug warnen die Vögel den Wasserbüffel, wenn ein Raubtier in der Nähe ist. Klingt nach einem fairen Handel?

Der Madenhacker macht jedoch nicht bei den Zecken halt. Der Vogel ernährt sich auch von den Wasserbüffeln, indem er die Zecke herauspickt und dann auch Fleisch und Blut verzehrt. Das ist sicher ein wenig grausam, aber es spricht für die Energie der *Sechs der Münzen*. Die Macht ist ein wenig aus dem Gleichgewicht geraten. Der Vogel nutzt seine Position aus und genießt die Fülle der Ressourcen, die der Wasserbüffel bietet, während er im Gegenzug nur das absolute Minimum bietet. Wenn du der *Sechs der Münzen* begegnest, musst du vielleicht deine Position in einer Situation überdenken, in der eine Partei die Quelle der Ressourcen ist und die andere der Empfänger. Bekommst du ein faires Angebot? Ist das Machtgleichgewicht angemessen, oder nutzt eine Partei ihre Position zu ihrem Vorteil aus?

Wenn du merkst, dass von dir verlangt wird, ein Opfer zu erbringen, solltest du den Wasserbüffel anrufen, damit er dir hilft, die Weisheit der Situation zu erkennen. Diese feste, erdende Energie wird dir helfen, dich mit dem größeren Guten, das sich daraus ergibt, verbunden zu fühlen.

Wasserbüffel: Geerdet, ehrlich, geduldig, verlässlich

Madenhacker: Verhandlungsfreudig, Opportunist

SIEBEN DER MÜNZEN

Die Spinne zieht sich zurück, um das Werk zu würdigen, das sie im Laufe des Tages geschaffen hat. Jedes Netz wurde mit Bedacht zwischen den Ästen platziert. Sie bewunderte das Design und untersuchte jedes einzelne Netz auf Löcher oder mögliche Schwachstellen, durch die ihre Beute entkommen könnte.

Die *Sieben der Münzen* weist auf eine Zeit hin, in der man über all die Arbeit nachdenken sollte, die einen zu diesem Moment geführt hat. Hier wirst du aufgefordert zu prüfen, ob du auf dem richtigen Kurs bist, um die besten Ergebnisse zu erzielen, oder ob du umschwenken oder dich anpassen musst. Gibt es Löcher oder Schwachstellen, die gefüllt werden sollten?

Wenn es für dich eine Herausforderung ist, eine Vision für die Zukunft zu entwickeln, rufe die Spinne an, damit sie dich durch den Planungsprozess führt. Die Spinne bringt Geduld und einen Sinn für Ruhe, während du dich mit deinem höheren Selbst verbindest. Wenn du mit dem Geist der Spinne arbeitest, schalten sich deine ‚Spinnensinne' ein, und du wirst die Schwingung, die dich umgibt, wahrnehmen können und instinktiv wissen, in welche Richtung du gehen musst.

Spinne: Geduld, Bewusstsein für Kreativität, Schwingung, Verbundenheit

ACHT DER MÜNZEN

Ich möchte es mir vielleicht nicht in einem Nest von Feldwespen gemütlich machen, aber ich weiß die Kunstfertigkeit und das Design zu schätzen, die hinter der Herstellung eines solchen Nestes stecken. Könntest du ein perfektes Sechseck aus zerkautem Zellstoff herstellen? Ich auch nicht! Diese fleißigen Wespen (nicht die Bienen) können uns ein oder zwei Dinge über Fleiß und Liebe zum Detail lehren.

Wenn die *Acht der Münzen* erscheint, konzentrierst du dich vielleicht darauf, etwas zu schaffen, das dich bei jedem Schritt inspiriert. Es mag mühsam sein, aber die Arbeit selbst macht fast süchtig. Deine Situation könnte von dir verlangen, dass du mehr tust als in der Vergangenheit. Tauche in den Prozess ein, lerne so viel wie möglich und erlaube dir, in den immer produktiven tiefen Zustand des kreativen Flusses zu gleiten. Es gibt nur einen Vorbehalt: Du könntest dich darin verlieren, jedes Detail perfektionieren zu wollen. Es kann sein, dass du dich so sehr in einem kleinen Detail des Projekts verlierst, dass der Rest des Projekts nie das Licht der Welt erblickt. Nutze diese Zeit, um so viel Weisheit und Einsicht wie möglich zu erlangen – lerne aus jedem Fehltritt, denn es wird dir nur helfen, den Prozess der Perfektion für zukünftige Projekte zu beschleunigen. Wenn du dich festgefahren fühlst, könnte die *Acht der Münzen* darauf hinweisen, dass du Hilfe von außen brauchst oder eine*n Lehrer*in, der oder die dir den Weg zum Erfolg zeigen kann.

Die Energie der Wespe wird dich inspirieren, vorwärtszugehen, etwas zu erschaffen und weiterzumachen, bis die Arbeit erledigt ist. Mit der Wespe kommt eine Gemeinschaft; wenn du mit der Wespe arbeitest, wirst auch du Unterstützung von den Menschen um dich herum finden, die dir helfen wollen, dein Ziel zu erreichen.

Feldwespe: Geschicklichkeit, Bildung, Beherrschung, Aufbau, Gemeinschaft

NEUN DER MÜNZEN

Die *Neun der Münzen* erzeugt eine Energie, die Selbstfürsorge und Entspannung fördert, ohne dass du dir über all die Dinge auf deiner To-Do-Liste oder über all die Dinge, die schiefgehen könnten, Gedanken machen musst. Wenn ich diese Karte ziehe, weiß ich, dass es an der Zeit ist, mich selbst zu verwöhnen. Das soll nicht heißen, dass ich über die Stränge schlagen oder über meine Verhältnisse leben soll; es ist nur eine Erlaubnis, den Moment zu genießen und sich zu verwöhnen. Das bedeutet, dass ich mir die Mühe mache, einen Croissant in einer echten französischen Bäckerei in der Innenstadt zu kaufen, anstatt die Massenware aus dem Supermarkt aufzutauen. Vielleicht gönnst du dir einen neuen Haarschnitt von einem Profi und nicht mit der Küchenschere (und bitte, das haben wir alle schon erlebt...).

Wenn du diese Karte in einer Legung ziehst, solltest du dich fragen, wie du die Situation angenehmer gestalten kannst, ohne dabei ins Extrem zu fallen. Wenn du dich auf eine Beziehung konzentrierst, ist die *Neun der Münzen* vielleicht ein Zeichen dafür, dass vielleicht ein Date in einem schicken

Restaurant angebracht ist, aber widerstehe dem Drang, das Bankkonto für eine Weltreise zu leeren.

Wenn sich deine Deutung um die Karriere dreht, ist es vielleicht an der Zeit, sich ein neues Outfit zuzulegen, mit dem du dich in Meetings sicherer fühlst. Manchmal denke ich, dass die Energie der *Neun der Münzen* nichts Neues in mein Leben bringen muss. Stattdessen erschafft sie einen bequemen Platz, an dem ich einfach mit meinem Kind auf der Couch sitzen kann, ohne auf mein Telefon zu schauen, und einfach seine Gesellschaft genieße.

Der wohlgenährte Bär kann eine Zeit lang ruhen. Durch den Winterschlaf findet der Bär zur Erneuerung. Rufe also die starke Energie des Bären an, wenn du dich mit dem Tempo und dem Rhythmus des Lebens wohlfühlen willst. Seine Anwesenheit hilft dir, dich wohlzufühlen, wenn du eine Pause einlegst oder dir etwas gönnst, denn sie fördert Erneuerung. Der Bär ist auch eines der Tiere, die nachts zu uns kommen und uns im Schlaf durch die Traumwelt führen. Wenn du die Hilfe des Bären annimmst, wirst du in Zeiten der Dunkelheit oder Ungewissheit Vertrauen gewinnen.

Bär: Ruhe, Erneuerung, Führung, innerer Friede

ZEHN DER MÜNZEN

Es ist an der Zeit, den süßen Geschmack des Erfolgs zu genießen, aber denk daran, dass dein Sieg noch schöner ist, wenn du ihn mit anderen teilst. Die *Zehn der Münzen* bittet dich, einen Beitrag zum Allgemeinwohl zu leisten und zu akzeptieren, dass Erfolg und Glück mit Verantwortung einhergehen. Wenn du deine Ressourcen einsetzt, um anderen zu helfen, wirst du nicht nur deine Gemeinschaft stärken, sondern auch ein Vermächtnis aufbauen. Wie kannst du eine langfristige Vision umsetzen, die sich positiv und dauerhaft auf deine aktuelle Situation auswirkt? Planst du vorausschauend und mit Blick auf einen Ort der Beständigkeit? Wenn du deine Bemühungen auf deine Bedürfnisse und die der Gemeinschaft konzentrierst, legst du den Grundstein für den Aufbau von Wohlstand.

Wenn du dich als Teil von etwas Größerem fühlen willst, um zum Erfolg deiner Gemeinschaft oder Gruppe beizutragen, dann nutze deine Ressourcen, um sicherzustellen, dass der Weg, den du zum Erfolg geschaffen hast, sich nicht hinter dir verschließt. Rufe die Energie der Biene an, denn sie wird dich in Zeiten der Zusammenarbeit unterstützen. Wenn du in der Gegenwart der Biene bist, geht es nicht um die Bemühungen eines Einzelnen, sondern darum, wie die Bemühungen vieler für einen einzigen Bienenstock zusammenwirken.

Biene: Zusammenarbeit, Gemeinschaft, Wohlstand, Süße des Lebens

BUBE DER MÜNZEN

Der weise Oktopus bringt eine Fülle von Vorzügen in deine Situation mit sich, von der Fähigkeit, sich strategisch zu tarnen bis zur Regeneration eines fehlenden Arms. Wenn du die Energie des Oktopusses anrufst, wirst du von allen Seiten unterstützende Kräfte spüren, die allesamt Fülle schaffen und erzeugen.

Der *Bube der Münzen* bringt die Botschaft, dass du die Macht hast, das zu manifestieren, was du dir wünschst. Ergreife die Gelegenheit, wenn sie sich dir bietet. Der *Bube der Münzen* fordert dich auf, zielgerichtet und praktisch zu handeln, um dein Ziel zu erreichen. Deine Situation wird von einer realistischen Herangehensweise profitieren, bei der die Betonung mehr auf dem Tun als auf dem Träumen liegt. Deine Bemühungen werden belohnt werden. Bleib geduldig und konzentriere dich darauf, voranzukommen. Die Verwirklichung eines Ziels kann Zeit in Anspruch nehmen, und du könntest auf Herausforderungen stoßen. Nutze alle Hindernisse und Rückschläge, um zu beweisen, dass du zuverlässig und engagiert bist, deinen Traum zu verwirklichen.

Wenn du flexibel sein und dich schnell an eine veränderte Umgebung anpassen musst, nutze die Energie des Oktopusses, um den Übergang zu erleichtern. Dieses dynamische und intelligente Tier schafft einen Raum der Heilung, nachdem man einen Verlust erlitten hat, und ermutigt zu neuem Wachstum, während sich eine neue Kraft bildet. Wenn der *Bube der Münzen* bereit zu sein scheint für eine Gelegenheit, die eine Veränderung auslöst, dann lass den weisen Oktopus dir helfen, Klarheit in der Situation zu finden, während er dich aus dem trüben Wasser in ein offenes Meer von Möglichkeiten treibt.

Oktopus: Intelligent, flexibel, anpassungsfähig, verbergend, Nachwachsen

RITTER DER MÜNZEN

Der *Ritter der Münzen* kann eine treibende Kraft sein. Diese fleißige Energie hält dich auf Kurs und ist entschlossen, eine Aufgabe zu Ende zu bringen. Allerdings kann sich dieser Ritter auch als stur erweisen, und wenn er aus dem Gleichgewicht gerät, kann es passieren, dass man sich an eine Idee oder einen Weg klammert, die es nicht mehr wert sind, weiter verfolgt zu werden. Wenn der *Ritter der Münzen* auftaucht, solltest du dich fragen, ob du die positiven Eigenschaften des *Ritters der Münzen* mit seiner realistischen und akribischen Herangehensweise verkörperst, oder ob du übermäßig kritisch und zurückhaltend bist. Bist du in der Lage, von einem Plan abzuweichen, der dir Kummer bereitet oder nicht aufgeht, ohne das Gefühl zu haben, dass du inkonsequent oder unzuverlässig geworden bist?

Beharrlichkeit ist schön und gut, wenn du auf ein Ziel hinarbeitest, bei dem mit der Zeit die Opfer wert sein werden, die du dafür bringst. Aber Beharrlichkeit ohne die Aussicht auf eine Belohnung ist nichts weiter als eine Übung in Vergeblichkeit. Damit der *Ritter der Münzen* seine Wirkung voll entfalten kann, muss diese Energie durch ein Element ausgeglichen werden, das Spaß und Entspannung genießt; andernfalls wird es nur Arbeit und kein Spiel geben, und das ist selten lange haltbar.

Wenn du dem *Ritter der Münzen* in einem Reading begegnest, solltest du überlegen, ob dir die Energie des Ritters fehlt und du dich an die Arbeit machen musst. Wenn diese Energie jedoch im Übermaß vorhanden ist, solltest du dich fragen, ob du dich an etwas klammerst, das nicht mehr realisierbar ist, und ob du in der Lage bist, deine Situation anders zu sehen.

Wenn es darum geht, eine lang gehegte Vision oder ein Ziel loszulassen, sollte man die Energie des Esels heranziehen, denn sie hilft einem dabei, Demut zu finden. Dieses entschlossene Tier wird für Wanderungen über große Entfernungen eingesetzt, oft auf schmalen, steinigen Pfaden, die Geduld und Geschicklichkeit erfordern. Der Esel hilft dir, etwas loszulassen, an dem du eine Zeit lang festgehalten hast, und wenn du diese Energie zulässt, wirst du spüren, wie dir eine Last von den Schultern genommen wird.

Esel: Sturheit, Ausgeglichenheit, Beweglichkeit, Stärke, Entschlossenheit

KÖNIGIN DER MÜNZEN

Lange nachdem ich den *König* und die *Königin der Münzen* erschaffen hatte, entdeckte ich das Buch *A Shaman's Guide to Spirit Animals* von Lori Morrison. Morrison listet als Schlüsselbegriffe für die Kuh Liebe, Großzügigkeit und Mitgefühl auf, und für dieses Königspaar könnte nichts zutreffender sein. Wenn man der *Königin der Münzen* begegnet, weiß man das. Sie ist warmherzig, mütterlich und fast bis zum Umfallen großzügig. Wenn du in Not bist, ist sie bereit, dich zu unterstützen, wo immer sie kann.

Wenn du im Begriff bist, dich auf eine Idee einzulassen, und die *Königin der Münzen* auftaucht, kannst du dich darauf verlassen, dass deine Ressourcen nicht vermindert werden, sondern durch ihre Unterstützung sogar noch anwachsen. Die *Königin der Münzen* bittet dich, deine Situation mit der gleichen liebevollen Energie anzugehen, die sie der Welt bietet. Sei großzügig, sei freundlich, unterstütze die Menschen um dich herum, und alles, was du gibst, wird in größerer Fülle zurückkommen. Obwohl du wohlhabend und an die feinen Dinge des Lebens gewöhnt bist, ist dies keine Energie der schrillen Opulenz; nein, es ist eine Energie, die Raum für das Gedeihen aller schafft. Wenn du die Rolle der Königin übernimmst, wirst nicht nur du dich unheimlich reich fühlen, sondern auch die Menschen um dich herum. Die Kuh bringt stabile, geerdete Energie in deine Situation. Dieses edle und verehrte Tier bringt die natürliche Energie einer Mutter, einer Ernährerin und einer Begleiterin mit sich. Ruf den Geist der Kuh an, wenn du dich in Zeiten von Stress oder Ungewissheit getröstet und umsorgt fühlen willst, und sie wird um dich herum einen liebevollen Raum schaffen, in dem du dich entfalten kannst.

Kuh/Rind: Gnade, Nahrung, heilig, Führung, Glück, Konzentration

KÖNIG DER MÜNZEN

Wenn man die Welt als einen Ort des Überflusses mit ständig wachsenden Ressourcen sieht, spürt man die unterstützende Energie des *Königs der Münzen*, und man wird auch finanziell frei werden. Der König bittet dich, den Mangel loszulassen, großzügig zu sein und Ressourcen freizugeben, denn das öffnet die Tür für neue Möglichkeiten, die dir zu mehr Wohlstand verhelfen werden. Wenn du dich auf den Mangel oder Gefühle der Knappheit konzentrierst, erschaffst du eine Blockade, die verhindert, dass Fülle oder finanzielle Gewinne frei zu dir fließen. Der *König der Münzen* bittet dich, dein Portemonnaie zu öffnen und ohne Sorge oder Angst zu geben, was du kannst. Gib dem Barista in deinem örtlichen Café ein kleines Extra, spende etwas an eine Wohltätigkeitsorganisation – es gibt viele Möglichkeiten, den positiven Fluss in Gang zu bringen. Öffne die Tür für die positive Energie, die von einem großzügigen Geist ausgeht, denn sie hat die Kraft, deine Schwingung zu erhöhen, und als Ergebnis wirst du mehr Gelegenheiten für Reichtum und Überfluss anziehen, die zu dir fließen. Wenn du den *König der Münzen* in einer Deutung ziehst, überlege, ob du in einer bestimmten Situation einspringst, deine Dienste und Fähigkeiten anbietest, um anderen zum Erfolg zu verhelfen, oder ob du dich zurückhältst.

Aufgrund der Position ihrer Augen haben Kühe die einzigartige Fähigkeit, ihre Position aus jedem Winkel zu sehen. Kühe/Rinder können sehen, was vor und was hinter ihnen ist. Wenn du mit der Kuh gehst, wirst du nicht nur eine Vision für die Zukunft bekommen, sondern dich auch an deine Vergangenheit erinnern. Rufe die geduldige und zuverlässige Kuh an, wenn du eine Perspektive brauchst – wenn du dich vielleicht entwurzelt fühlst – und sie wird dich liebevoll in die richtige Richtung führen.

Kuh/Rind: Gnade, Nahrung, heilig, Führung, Glück, Fokus

ÜBER DIE AUTORIN UND KÜNSTLERIN

MJ Cullinane (auch bekannt als Margaux Jones) ist eine preisgekrönte Künstlerin, Autorin, Mutter und Liebhaberin aller magischen Dinge – insbesondere von Raben – aus Seattle. Sie besuchte die Parsons School of Design, doch ihre einzigartige Technik, Geschichten durch digitale Collagen zu erzählen, hat sie sich selbst beigebracht, und dies ist seit über 10 Jahren ihre Leidenschaft.

Die Natur und ihre Lebewesen sind ein vertrautes Thema in MJs Arbeit, aber da sie südlich von Boston aufgewachsen ist, sind ihre Collagen stark von der Energie der Stadt beeinflusst. In ihren Arbeiten verschmelzen diese beiden Welten oft miteinander.

MJs Kunst ist beeinflusst von Frida Kahlo, Robert Rauschenberg, Jean-Michel Basquiat und Gustav Klimt. Mit einem Hintergrund in verschiedenen Medien ist MJs primäre Kunstspezialität das digitale Collagieren. Es gibt viele Missverständnisse über diese Technik der Gestaltung. MJ schneidet nicht einfach Bilder aus und bearbeitet sie mit Photoshop, sondern sie malt die Bilder auf dem Bildschirm und fügt den Bildern Elemente hinzu, um die Geschichte, die sie erzählen möchte, zu verstärken.

Das *Raben Tarot,* MJs erstes veröffentlichtes Deck, hat eine beachtliche Fangemeinde und Anerkennung bei Raben-Liebhabern und der Tarot-Community erlangt, einschließlich des Gewinns des CARTA-Preises 2019 für das beste Tarot-Deck und den oder die beste*n Illustrator*in eines Tarot-Decks.

Wenn MJ nicht gerade Kunst macht oder schreibt, verbringt sie Zeit mit ihrer Tochter, spielt in der Natur, praktiziert Magie und findet neue Quellen der Inspiration.